www.tredition.de

AF177066

Marco Richter

Lenins Sohn

Vom Looser zum (Lok-) Führer

www.tredition.de

© 2020 Marco Richter

Verlag & Druck: tredition GmbH, Halenreie 40-44, 22359 Hamburg

ISBN
Paperback: 978-3-347-05405-9
Hardcover: 978-3-347-05406-6
e-Book: 978-3-347-05407-3

Titelfoto: Kohlekarikatur von Marco Richter also von mir selbst und im Besitz von mir selbst.

1. Lebe mit i....Liebe

Es war ein Frühlingstag im April, um genau zu sein ein Montag, Montag der 22.04.1974. Die

Woche beginnt an diesem Tag. Genauso beginnt auch mein Leben an diesem Tag. Welch Ironie, Lenin ist auch am 22.04 geboren und nun ich. Ich, der Sohn von dem Mann, der in seinem Umkreis, wegen seiner verblüffenden Ähnlichkeit mit dem großen kommunistischen Anführer der Oktoberrevolution in Russland des Jahres 1917, lästernd oder liebevoll Lenin genannt wird. Was für eine Bürde, was für eine Ehre, was für eine Last, was für eine Aufgabe, aber vor allem: was für ein Schicksal! Was wird nur aus diesem Leben einmal werden? Ein Revolutionär, vielleicht wie Lenin oder ein überfleißiger Fabrikarbeiter, wie meine Mutter, hoffentlich mit dem gleichen ansteckenden und unglaublich mitreisenden Humor, oder ein Lokführer, der Traum eines jeden kleinen Jungen. Naja, soviel kann ich jetzt schon sagen, ich bin, nach einem harten Weg, auf dem ich den Humor meiner Mutter immer im Gepäck hatte und der Revoluzzer immer in mir schlummerte, dann am Ende doch Lokführer geworden. Der Traum des kleinen Jungen ist am Ende Wirklichkeit und kein Traum mehr. Tja, im Grunde könnte ich das jetzt hier schon beenden. Der Anfang ist erzählt und das Ende auch...hm, was aber fehlt ist die Geschichte dazwischen. Zwischen G wie Geburt T wie Triebfahrzeugführer, liegt noch der Buchstabe L, wie LEBEN. Ok, und wie Liebe. Das ist eine Geschichte wie ich vom G zum T gekommen bin und zwischen drin ist mein L. L wie Leben oder Liebe. Leben, war da wirklich dazwischen, nicht immer einfach, aber es war zumindest ein Leben. Und was ist mit L wie Liebe. Naja Liebe habe ich immer gesucht beim L wie leben. Hatte oft das Gefühl, dass das i im Leben fehlt. Genau das ist es! Das i in meinem Leben fehlt. Also muss ich es vielleicht selbst einfügen. Wenn mir es schon keiner einfach so gibt. Cool, jetzt funktioniert es. Mit einem i im Leben, wird es dass, was ich oft vermisste: Lieben. Vielleicht muss ich ja wirklich alles selber machen. Sogar das i in mein Leben einfügen.... Aber ich merke es klappt. Jetzt wo ich selbst liebe gebe und somit das i selbst eingefügt habe, so dass ich lebe, ist mein Leben vollkommen, jetzt ist es nämlich Liebe. Perfekt!

Oliver Kahn sagte einmal " Wenn Du aufhörst etwas zu werden, fängst Du an nichts mehr zu sein...." . Dieser Spruch leitet mich genauso durch mein Leben, wie der meiner Oma " Marco, vielleicht wirst du nie der größte, beste oder schönste Mensch der Welt, aber eines gebe ich Dir mit auf deinen Weg, gib Dir immer Mühe, wenigstens ein kleines bisschen Mensch zu sein..."

Das versuche ich nun. Mit dem Humor meiner Mutter, den Gedanken des Revoluzzers Lenin, dem Fleiß eines Arbeiters, der Motivation von Oliver Kahn und der Erfahrung und Güte meiner Großmutter, versuche ich meinem Leben die Vollkommenheit zu geben. Damit mit i aus Leben, lieben wird. Somit das, was sich jeder Mensch wünscht. Das Leben ist nur perfekt mit i. .... Liebe!

2. ....Und so ging alles los

Es war einmal.... So geht meist alles los oder besser gesagt, so ging alles los.

Die DDR der frühen siebziger Jahre, die Reisefreiheit konnte man eigentlich nicht als solche bezeichnen. Es war sehr eingeschränkt, wie eigentlich viel im Leben einer jungen Arbeiterfamilie in den siebziger Jahren in der DDR. Einen Hoffnungsschimmer gab es aber doch. Der Geist. Der Geist war ziemlich frei, ähnlich freizügig wie der Umgang mit

Sexualität, FKK und Sport, konnte man sich doch bilden. Man durfte doch lesen und studieren was das Zeug hält. Die Bibliotheken waren offen und frei, und kostenlos zugänglich. So trug es sich zu, dass meine Mutter ein Buch über die Reisen und Abenteuer eines gewissen Marco Polo in Hände bekam. Die Geschichten über diesen Mann scheinen spannend geschrieben gewesen zu sein, denn Sie hat sie sprichwörtlich, förmlich verschlungen. Naja, kann man auch irgendwie verstehen. Da ist die Rede von jemand der die ganze Welt gesehen und bereist hat, also das, wovon eigentlich jeder junge Mensch so träumt, und das nicht nur in der DDR. Die Welt bereisen, Abenteuer erleben, andere Menschen und Kulturen kennen lernen, sich Wissen aneignen usw.... Und dann ist da die Rede von diesem Mann, der das Alles erlebt hat und dem es nach Wissen und Freiheit dürstet. Zu dem ein Italiener, dem quasi dolce Vita und Amore praktisch in die Wiege gelegt wurde, und dass nur allein mit seiner Geburt. Dann hat der noch diesen vielsagenden und wunderschön anzuhörenden Namen: Marco. Wow..., Marco, das klingt doch schon wie Italien, wie Freiheit, wie Abenteuer. Fast wie ein Orgasmus bei dem er gezeugt wurde, mit M wie ein sinnliches " Mmmmhhh..." am Anfang und mit o wie das genüssliche und befriedigende " oooahh" am Ende. Hammer, und dann durfte dieser Mann auch noch die ganze Welt sehen und bereisen und erleben. Also einfacher gesagt, frei sein. Alles das was ein junger DDR-Bürger in den frühen siebziger Jahren nicht hatte und sich so sehr wünschte. Vielleicht sogar sich danach sehnte. Jetzt hatte meine Mutter diese spannende Idee. Fast schon ein bisschen revoluzzerhaft, wie der große Lenin, sich gegen das System auflehnend. Wenn sie mal Kinder haben sollte, dann sollten sie, anders wie sie selbst, einmal die ganze Welt sehen dürfen, reisen, Abenteuer und Liebe erleben dürfen. Einfacher gesagt, frei sein. Deshalb nahm sie sich vor falls eines ihrer Kinder ein Junge sein sollte, möchte sie ihm eben diesen wohlklingenden Namen, dieses weltberühmten Italieners geben. Marco! Und so geschah es dann auch. Am 22.04.1974. Ein Montag. Die Woche beginnt genauso wie mein

Leben. Ein Klapsgeräusch ist zu hören im spärlich eingerichteten Kreissaal des Krankenhauses, im kleinen verschlafenen Örtchen Rodewisch, im romantisch malerisch gelegenen heimatverbundenen Vogtland. Doch anstatt dem zu erwartenden Babygeschrei, war fast so etwas wie ein leises Krächzen zu hören. "Ist irgendwas nicht in Ordnung mit dem Baby?" fragt meine Mutter erschöpft die Hebamme. Ein fast gerührtes und beruhigendes

Lächeln gleitet der Hebamme durchs Gesicht. "Nein, Frau Richter, mit dem Kind ist alles in Ordnung. Es ist ein Junge. Herzlichen Glückwusch! Er scheint Humor zu haben oder sich zu freuen auf die Welt zu kommen. Weil das Geräusch was er gemacht hat, war ein Lächeln, so sieht es zumindest aus. So etwas habe ich in meiner langen Karriere ja noch nie erlebt. Irgendwie süß. Wie soll er den heißen?" In voller Erlösung und von der Geburt erschöpft, seufzt meine Mutter " Marco, Marco soll er heißen" " Aaah Marco, wie Marco Polo? " fragt die immer noch von meinem Lächeln fasziniert grinsende Hebamme. Noch so eine

Revoluzzerin die dieses Buch gelesen hat, dachte meine Mutter. " Ja, Marco, wie Marco Polo.

Bitte! " Und meine Mutter grinste verschmitzt zurück, mit einem Augenzwinkern, welches die Hebamme schmunzelnd entgegennahm.

3. Die erste Lüge....

An die ersten zwei drei Jahre kann ich mich nicht so richtig erinnern. Aber das liegt ja bekanntlich in der Natur der Sache. Kaum ein Mensch kann sich an die ersten Jahre bis zum Kindergarten erinnern. Auch ich nicht, trotz des großen Namens, und der Bürde Lenins Sohn zu sein und des Humors meiner Mutter.

Die Kindheit und die Jugend sind ja bekanntermaßen der Kindergarten und die Schule des

Lebens eines späteren Erwachsenen. In dieser Zeit ist man ja auch im Kindergarten und in der Schule. Es soll der Charakter und das Wissen für das zukünftige Sein, Wirken und Leben sich angeeignet werden. Die Vorbereitung für die Aufgaben des Lebens, nämlich Höhen und Tiefen irgendwann einmal selbst zu überstehen und zu lernen damit umzugehen, Niederlagen zu verarbeiten und Erfolge richtig einzuordnen. Das alles ohne das immer jemand kommt und dich in den Arm nimmt und tröstet nur weil Du ein Auweh hast, krank bist, beleidigt bist, dich ungerecht behandelt fühlst oder Scheiße gebaut hast. Das alles auch ohne das immer jemand kommt und sagt fein gemacht nur weil du mit sieben Jahren dir endlich selber alleine die Schnürsenkel zubinden kannst, ne Eins in Mathe hast, einen Wettkampf in deiner Sportart gewonnen, wo du täglich trainiert hast, dein eigenes Zimmer, was du selbst verdreckt hast aufräumst oder auch nur einfach ehrlich bist und in Demut einsichtig. Klar, das alles wäre auch schon mal ein Lob wert, vor allem gerade als Kind. Aber ist das alles nicht auch irgendwie normal, auch ohne extra Lob oder Zusammenschiss? Fragen über Fragen. Man kann da auch geteilter Meinung sein und irgendwie hat doch auch jeder bei dieser Frage irgendwo recht und soll sich seine eigene Meinung bilden. Hier nun die Geschichte wie es mir erging.

Ich war gerade fünf Jahre alt geworden, in der Stadt auf dem Feuerwehrplatz war der alljährliche Rummel aufgebaut zum Frühlingsfest. Eine Schulfreundin meiner älteren Schwester Claudia hat bei uns geklingelt. Ich höre ihre süße Kinderstimme fragen: " Darf die

Claudi mit auf den Rummel kommen? ". Ich vernehme ein jubelndes " Jaaaa!!!" aus der

Küche wo Claudia noch beim Essen sitzt. Meine Eltern willigen ein und sagen:" hier zwei

Mark für Autoscooter, Losbude und Zuckerwatte". Meine Mutter drückt ihr 4 Mark in die

Hand. Ungläubig und verdutzt schaut Claudia sie an. Mama sagt " zwei für Dich und zwei für Marco, den nehmt Ihr mit und Passt auf Ihn auf! Ist das klar?... .Ob das klar ist will ich wissen?!" raunzt meine Mutter sie bestimmend an. Die Kotze stand meiner Schwester sichtlich ins Gesicht geschrieben. " Ja...och menno, muss das sein?" Es musste sein gab meine Mutter ihr deutlich zu Verstehen. Ich wusste gar nicht was los war als meine Schwester mich anrempelnd in unserem Kinderzimmer aufsuchte und mir Blicke zu warf, die mich nichts Gutes ahnen ließen. Ich wusste ja nicht was dieser Rummel ist, ich war noch nie bei so etwas. Irgendwie ängstlich und doch auch ein bisschen in Vorfreude, ohne zu wissen was mich erwartet zog ich mir meine Sandalen an. Ich grinste meine Schwester an. Sie dachte ich würde sie verhöhnend auslachen, dabei habe ich mich nur gefreut was mit ihr zu machen. Ich merkte schon das ihre Freude sich in Grenzen hielt, habe es aber nicht so richtig verstanden. Sie war doch bis dahin sonst immer so lieb zu mir, hat sich um mich gekümmert, mit mir gespielt, gelacht und mich vor den bösen großen Jungs aufm Spielplatz vorm Haus beschützt. Naja was solls. Ich habe mich gefreut. Hab meine Schwester bis dahin abgöttisch geliebt.

Wir gingen los. Ich suchte mit meiner Hand die Hand meiner Schwester. Wir haben das doch bis dahin immer so gemacht, wenn wir zusammen irgendwo hingegangen sind. Ich bemerkte das die zwei Mädels irgendetwas flüsterten und sich leise irgendetwas ins Ohr zu sagen hatten. Irgendwie wurde es immer komischer, es war zu spüren das irgendetwas in der Luft lag. Plötzlich hielten wir an. Meine Schwester beugte sich zu mir, lies meine Hand los und drückte mir mit ihrer anderen Hand 2 Mark in die Hand. Ich war verdutzt, kapierte nicht recht was jetzt los war. Auf einmal ehe ich mich versah, rannten die zwei Mädchen, hämisch lachend, los. Ich realisierte die Situation nicht so schnell. Stand da, brauchte ein bisschen. Aber so langsam dämmerte es mir, meine Schwester spielte ein falsches Spiel und wollte mich nicht dabeihaben. Ihre Freundin war auf einmal wichtigere als ich...ja aber ich, ich war doch noch nirgendswo alleine. So langsam spürte ich, dass mir das Wasser langsam in die Augen stieg. Ich sah vor Tränen kaum etwas, fing mit schluchzen an. Jetzt erst rannte ich in völliger Panik und fast todesängstlich in die Richtung, in welche die zwei Mädchen rannten. Ich hatte keine Chance und außerdem hatte ich sie schon längst aus den Augen verloren. Was jetzt? Ich wurde immer hektischer und fing vor Verzweiflung bitterlich und laut an, zu weinen. Eigentlich war es schon ein regelrechtes Schreien. Ich lief total verheult orientierungslos umher. Ich hörte laute Musik und fröhliches Kindergeschrei. Ich lief total verschüchtert und ein bisschen ängstlich in die Richtung dieser verlockenden Geräusche. Die Musik und das laute und fröhliche Kindergeschrei kam immer näher. Da sah ich ihn, diesen mysteriösen " Rummel ". Dieses Ding, welches meiner Schwester plötzlich so viel wichtiger war als ich. Ich staunte nicht schlecht und irgendwie konnte ich jetzt meine Schwester verstehen. Das war schon ein spannendes Ding dieser Rummel. Diese Musik und der Anblick von sich drehenden Karussellen, wo voller Freude und Glück kreischende und quiekenden

Kinder darauf saßen und sich in lustigen Spielzeugautos oder auf lebensechten Spielzeugtieren, bei lustiger lauter Musik und mit Klingelgeräuschen, im immer wiederkehrenden Kreisen transportieren ließen. Ich wollte das auch und lief schnurstracks auf das erste leuchtende, klingelnde, sich drehende etwas, welches in meiner Blick- und Laufrichtung war. Ich sah die fröhlichen und vor Freude, Glück und Spaß, lachenden Kinder und wollte mich genauso fühlen. Habe ich doch gerade erst schmerzliche die Erfahrung gemacht, dass sich die Welt nicht nur um mich dreht. Ein letzter Schluchzer mit Tränen in den Augen wich einem schniefendem Nase abputzen, ohne Taschentuch und einem Blick, welchen die meisten kennen, wenn sie Kinderaugen bei der Bescherung an Weihnachten beobachten. Endlich stand dieses Ding still, dieses " Karussell ". Die Kinder stiegen von ihren Fahrzeugen und Reitmöglichkeiten und vielen ihren Eltern oder Geschwistern freudestrahlend in die Arme. Ich nahm all meinen Mut zusammen und stieg in ein Feuerwehrauto ein. Wow, ich war sprachlos und interessiert zu gleich. Der Entdeckerdrang trieb mich dazu, sämtliche Knöpfe und Hebel an diesem Gefährt sowie diese kleine goldene Glocke zu betätigen, welche so ein schon schrilles lautes Achtungsklingeln erzeugte. Frei nach dem Motto " Hey, Platz da. Ich bin auch hier. Seht her ich kann das auch.". Dann realisierte ich zu alledem noch dieses Fahrzeug was ich nur aus Kinderbüchern und als kleines Spielzeug kannte, und ich wusste wenn das in echt draußen vorbei fährt, dann sitzen da nur starke Männer drin. Richtige, große, starke Helden, welche Menschen retten und bei allen Leuten höchstes Ansehen genießen. Wow, und jetzt ich. Plötzlich war ich der Größte. Dann bemerkte ich, dass das alles wie extra nur für mich auf Kindergröße angepasst war. Ich fühlte mich wie im Märchen und ich war die gute Hauptfigur. Oh... jetzt gings los. Das Karussell begann sich gemächlich zu drehen. Es wurde aber immer schneller. Hui...was für ein Spaß. Ich lachte laut auf vor Freude und Glück. Gar nicht gedacht, dass ich heute noch so etwas Tolles erleben durfte. Dann kam ein freundlicher lustiger Mann zu mir aufs Fahrzeug aufgesprungen und hielt seine Hand auf. Ich verstand nicht ganz. Dann fiel mir ein ich hatte ja noch die zwei Mark. Ich gab ihm das große Geldstück. Er nahm es, kramte irgendwie in seiner Hosentasche rum und lies eine Menge kleine Geldstücke, welche ich kaum mit meiner kleinen Kinderhand auffangen konnte in die selbige fallen. Dann zwinkerte er mir zu und verschwand zum nächsten Passagier dieses lustigen Dings, mit dem Namen Karussell. Unbeeindruckt von dessen, dass ich gelernt habe, dass man für viele Sachen, meistens die, welche einem Spaß und Freude bringen, Geld braucht, fühlte ich mich so wohl, wie ich es an diesem Tag nicht mehr für möglich gehalten hätte. Hammergeiles Gefühl. Die Zeit schien still zu stehen für einen Moment. Aber so lang war dieser Moment nun auch wieder nicht. Das Karussell wurde immer langsamer und hielt schließlich an. Ich erinnerte mich an meine Beobachtungen vom Anfang und wusste ich muss da jetzt leider wieder aussteigen. Während ich das realisierte und auch tat, sah ich schon das nächste Objekt der Begierde. Ein Karussell mit Eisenbahn und zwar so richtig mit Lokomotive und Hängern. Wahnsinn. Ich kannte das bisher nur wenn ich mit meinen Eltern oder mit meinem Großvater, väterlicherseits, Ausflüge machten. Ich wartete den richtigen Moment ab bis das Karussell still stand, um dann sofort und zielstrebig mich mit meinen kleinen Kinderbeinchen in die Lok zu schwingen. Haha, jetzt war ich am Ziel, jetzt war ich der Lokführer, der große Mann der dies Lok führt, steuert und bedient, um die Leute, welche in den angehängten Wagen saßen an den Ort ihrer Begierde zu transportieren. Au ja, das wollte ich gern auch machen, wenn ich mal groß und alt genug dafür bin, um im richtigen Leben genau das zu tun. Ich nahm mir vor das Vorhaben, gleich wenn ich zu Hause bin, meinen Eltern kundzutun. Ich legte mir in Gedanken schon die Worte zurecht: " Papa, Papa, wenn ich mal groß bin, werde ich Lokführer und fahr dich dann in die Arbeit, weil du doch so krank bist. " Mein Vater litt zu der Zeit an einer psychischen Erkrankung, welche bei ihm körperliche Krampfanfälle bei Überbelastung, egal welcher Art, hervorrief, ausgelöst vermutlich durch einen Vergiftungsanschlag auf ihn durch die Stasi, während seiner Zeit bei der Armee in der DDR. Diese Anfälle schockierten mich jedes mal. Ist doch klar, wenn so ein kleiner Junge seinen Vater sieht, wie es ihn ohne Vorwarnung auf den Boden wirft und vor Schmerz und Krämpfen gekrümmt auf dem Boden umherwälzt und im Raum

herumschleudert. Ich stand jedes Mal, wie angewurzelt zur Salzsäule erstarrt da. Ich vermute schon, dass mich diese Erlebnisse auch ein bisschen traumatisiert haben. Kaum hatte ich so vor mich hingeträumt, war die kleine Karussellrundreise schon zu Ende und ich musste wieder aussteigen, der nächste Junge stand schon da und wollte rein, vermutlich mit ähnlichen Gedanken. Ich sah eine kleine Menschentraube mit Kindern und Erwachsenen die vor einem kleinen Stand standen. Dort war ein Mann in weißer Kochkleidung zu sehen, welcher Holzstäbe in so einen lustigen Apparat hielt und darin herumrührte und wie von Zauberhand bildete sich um diesen Holzstab eine weiße Wattewolke. Er übergab diesen Wolkenstab einem Kind, welches schon erwartungsvoll ganz vorn in der Schlange stand. Das Kind fing sofort an mit weit geöffnetem Mund, mit der Zungenspitze irgendwie Teile von der Watte abzureißen. Ich stellte mich auch hinten an der Schlange an und wartete darauf auch endlich an der Reihe zu sein. Jetzt war es soweit. Der Mann fragte mich: " Na, auch ne Zuckerwatte? ". Ah, Zuckerwatte heißt das Zeug. Ich antwortete ihm erwartungsvoll und bejahend mit einem Nicken. Er verlangte dafür das größere meiner zwei letzten Geldstücke und überreichte mir diesen Zuckerwattestab.

Hmm...war das lecker, aber irgendwie kam in meinem Mund scheinbar Nichts so richtig an, weil der Zucker sich sofort auflöste, aber trotzdem schmeckte ich etwas. Für mich war das Alles irgendwie wie Zauberei im Zirkus. Dann erblickte ich einen Stand wo ich sofort erkannte was es da gab, Eis. Ich nahm mein letztes Geldstück und hoffte, dass das reicht. Ich lief hin, reckte dem Verkäufer das Geld hin. Der schmunzelte und gab mir so ein kleines Waffelschälchen mit so einem kleinen spitzen Häufchen Softeis in zwei Farben. Gelb mit Vanilleeis und braun mit Schokoeis. Lecker. Ich schmatzte genüsslich das Eis in mich hinein ohne darauf zu achten ob überhaupt alles in meinem Mund landet oder in einem größeren Umkreis um meinen Mund herum verteilt wird. Nach diesen Augenblicken des vollkommenen Glückes kam so langsam wieder die Ernüchterung. Das Geld war alle und wie jetzt weiter? Meine Schwester hab ich immer noch nicht gefunden, und wo bin ich hier....? Wie komm ich nur hier wieder weg und am liebsten nach Hause. Überall sind Leute und es kam mir irgendwie so vor als würden sie immer größer werden und mich alle übersehen. Ich fühlte mich wie ein winzig um nicht zu sagen winzigst kleiner Käfer der ängstlich hin und her lief um nicht von den riesigen Elefanten, in deren Gehege sich der Käfer befand, niedergetrampelt und zerquetscht zu werden. Irgend wie, in sich immer weiter steigernder Panik, entfernte ich mich mehr und mehr von diesem Ort, der auf diesen anscheinend spannenden und fröhlichen Namen " Rummel " hört. Was soll ich nur machen? Ich fing wieder mit winseln an. Es steigerte sich immer mehr, über ein tiefes Schluchzen bis es schließlich in ein völlig hysterisches Geschrei ausartete. Aufgeregt und hilfesuchend lief ich ziellos umher. Ich wusste ja auch nicht wohin. Ich war ja noch nie allein irgendwo und so wusste ich ja auch nicht wie ich von da wieder weg, also nach hause kommen sollte. Heulend und immer lauter schreiend ging ich in irgendeine Richtung. Vor lauter Tränen in den Augen konnte ich nicht mal etwas sehen. Da spürte ich plötzlich wie behutsam eine Hand mich an der Schulter berührte. Durch die Tränen in den Augen erkannte ich verschwommen die Umrisse einer älteren Frau. " Na...Du bist doch der kleine Richter? Ich bin die Lehrerin von der Claudia. Deine Schwester heißt doch Claudia?" Schluchzend und ein bisschen Rotz schniefend nickte ich bejahend. " Ja, was ist denn los mit Dir? Warum Weinst Du denn? " " Ich weiß nicht wie ich heim komme, ich hab mich verlaufen und meine Schwester ist weggerannt und hat mich alleine gelassen....Ich will nach Hause zu meiner Mama!" Rief ich zu ihr mit immer lauter weinender Stimme. "Och das ist Doch nicht so schlimm" sagte Die Frau zu mir." Ich weiß wo ihr wohnt. Soll ich Dir helfen? Ich kann dich nach Hause begleiten, wenn Du willst." "Jaaa..."weinte ich ihr entgegen" Ich will zu meiner Mama!!!" Sie nahm mich liebevoll an die Hand und ging mit mir nach Hause. So langsam kam mir die Umgebung immer bekannter vor. Und da waren wir endlich. Wir standen vor der Hausnummer 42 der Sorgaer Straße in der Weltberühmten Maschendrahtzaunstadt Auerbach. Sie Drückte die

Klingel mit der Aufschrift" Richter". Ich konnte zwar noch nicht lesen, kannte aber den Klingelknopf, weil meine Schwester mir sagte wenn ich rein wollte ins Haus sollte ich da drauf drücken. Immer zweimal. Dann verabschiedete sich die nette Frau bei mir und ging. Nach ca. einer Minute hörte ich wie jemand mit stampfenden Geräuschen das Treppenhaus herunterlief. Ich spürte irgendwie das, dass nichts Gutes zu bedeuten hatte. Ganz plötzlich flog die Hauseingangstür auf. Mein Vater stand in der Tür. Ich sah dass er ein Gesicht zog, welches ich bei ihm so noch nie gesehen hatte." Reeeiiinn" schrie er mich an. Erschrocken zuckte ich zurück. Pfatsch...mit einem lauten Klatschen, hatte ich die Erste sitzen. Ich wusste gar nicht was los war. Ich hatte noch gar keine Zeit den ersten Schmerz zu verarbeiten und loszuheulen, da fing ich mir schon die die nächste. Jetzt platzten mir die ersten Schreie raus und ich versuchte irgendwie an meinem Vater vorbei ins Treppenhaus zu kommen um vielleicht irgendwo zu verstecken. Ich schrie

"Maaam..." eine Faust traf mich in der Magengegend und nahm mir die Luft, so dass ich nicht zu Ende rufen bzw. schreien konnte. Irgendwie hatte meine Mutter meinen Hilferuf doch vernommen. " Jetzt bin ich sicher..."dachte ich zumindest." Wo kommstn Du jetzt her?" fauchte sie mich an. Ich erstarrte. Total verdutzt hielt ich kurz inne. Rumms..., ich spürte wie irgendein fester Gegenstand auf meinem Rücken einschlug. Keine Ahnung ob das ein Schlüssel, eine Faust oder irgendetwas anderes war. Auf jeden Fall nahm es mir erneut die Luft. " Es reicht" fuhr sie meinen Vater an. Er schrie " Wo du jetzt herkommst will die Mutter wissen!!!". Ich schluchzte, dass ich vom Rummel käme, und das auf dem Hinweg meine Schwester zusammen mit ihrer Freundin weggerannt sei und mich alleine hat stehen lassen. Nach dem Rummelbesuch habe ich dann Claudias Lehrerin getroffen, welche mich dann freundlicherweise nach hause gebracht hat, weil ich ja noch nie alleine irgendwo war und nicht wusste wie ich wieder heim kommen sollte. " Du Lügner " schrie mich mein Vater an und pfefferte mir noch eine, und zwar in dem selben Moment. " Deine Schwester ist schon längst da. Sie hat uns gesagt, dass es genau umgekehrt war und du weggerannt bist. Außerdem hat sie eine Zeugin, ihre Freundin hat das bestätigt. Warum sollte ich ihr also nicht glauben he? Ich mag keine Lügner, das ist ein ganz schlechter Charakter." fuhr er mich weiter an. " Und jetzt ab ins Bett und zwar ohne Abendbrot und ohne Sandmann, und zwar sofort! ". Das tat ich dann auch und verschwand sofort in meinem Zimmer, welches ich mir mit meiner Schwester teilen musste. Ihr begegnete ich auf dem Weg dorthin und sie konnte sich ihr hämisches Grinsen nicht verkneifen. Also ging ich ins Bett. Natürlich konnte ich nicht einschlafen. Natürlich schossen mir sämtliche Eindrücke dieses scheinbar traumatischen Tages durch den Kopf, und ich stellte fest, mein Vater hasst Lügen und Lügner. Und,...Wenn ich lüge bekomme ich Dresche, lügt jemand anders und ich sage die Wahrheit, und der Andere war schneller mit seiner Lüge, bekomme ich auch die Dresche. Also das Fazit oder die Moral dieses Tages, war für mich : " Egal was ich mache oder sage, und egal was jemand anderes macht oder sagt, meine Wahrheit interessiert keine Sau. Und am Ende bekomme ich immer die Dresche...." . Eines kann ich hier jetzt schon verraten. Dieses Fazit, sollte mich wohl ein sehr langes Stück meines Lebens begleiten.

4. So ein Gesülze...

Ach, wie gerne wäre ich damals ein großer, starker Mann gewesen, dem das alles nichts ausmacht, der das alles erträgt, der das alles wegsteckt, oder der Lokführer, der ich heute bin. Der seinen Kindheitstraum verwirklicht hat, der keine Angst mehr davor hat, dass ihm körperlicher oder seelischer Schmerz zugefügt wird, weil er im Laufe der Jahre gelernt hat damit umzugehen und jedem Gegenüber, egal ob wohlgesonnen oder nicht, ein freundliches Lächeln schenkt. Aber das war ich damals noch nicht. Ich war ein Kind, ein kleiner Junge, der noch Träume hatte, noch unbefangen war, der noch gar nicht wusste was ein schlechter Charakter ist oder was diese Worte bedeuten. Bis dahin lebte ich in den Tag hinein, wie halt Kinder so leben in der DDR. Kindergarten, Spielen und positiv phantasievoll träumen das, dass Gute, genauso wie im Märchen, am Ende immer gewinnt, und dass die Guten immer die Starken sind. Tja, aber das war halt nur im Märchen so, und ab da an erstmal nur in meinen Träumen. Irgendwie schien sich das Schicksal gegen mich gewendet zu haben, nicht nur zu Hause, und das für eine lange Zeit.

Eigentlich mochte ich den Kindergarten. Ich ging ganz gern dahin. Natürlich gab es gute sowie auch schlechte Tage, wer kennt das nicht. Aber wer glaubt, dass Kinder nicht Lügen und dass es keine Folgen hat, wenn jemand anderes lügt, der hatte sich getäuscht. Also, hatte ich mich getäuscht. In unserem Kindergarten, welcher auf den schönen Namen " Druschba" hörte, gab es eigentlich ganz gutes Essen. Druschba ist russisch. Es heißt übersetzt Freundschaft. Aber Von Freundschaft war da nicht immer viel zu spüren. Weder unter uns Kindern, wo es zwar vereinzelt zwischen ein paar Kids so etwas wie Sympathie gab, noch bei den Erziehern. Wobei ich sagen muss meine Erzieherin Frau Tunger, meine

Lieblingserzieherin Frau Herrmann und die Kindergartenleiterin Frau Gläser waren supernett und mit ihnen kam ich ganz gut aus und sie auch mit mir. Naja, ich war halt ein normaler Junge der bestimmt auch ab und zu mal seine nicht so einfachen Phasen hatte. Aber wir kamen mit einander aus. Aber die Vertretungserzieherinnen waren der Horror. Ein Grauen, irgendwie erinnerten sie mich, jetzt im Nachhinein, an die strenge Schuldirektorin "Frau Knüppelkuh" aus dem Film "Matilda". Nicht nur das Aussehen, auch die Art wie sie mit uns umgegangen sind... Hilfe, da bekomm ich noch heute Gänsehaut. Eines Tages gab es zum Mittag mal wieder Bratkartoffeln. Ich liebe Bratkartoffeln. Der Horror nur dabei war, die gab es nicht bloß so. Mit Sülze. Sülze, das klingt schon so grauenvoll. Ich hasse Sülze. Wenn das glibbrige Zeug nur einen Millimeter in meinem Mund berührt hat, hat es mich schon gewürgt. Das quietschende Geräusch beim Zerschneiden dieses gummiartigen Etwas, hatte bei mir schon Schüttelanfälle ausgelöst. So, nun lag das Zeug auf meinem Teller. Alle wussten, ich esse keine Sülze. Auch meine Kindergartenkammeraden. Ich begann vorsichtig ein paar Häppchen von den Bratkartoffeln zu essen ohne die Sülze zu berühren. Neben mir saß Piere K. Wir haben uns zwar nicht gehasst, waren aber auch nicht gerade Freunde. Er sah was ich mit dem Essen veranstaltete. Seinem Blick entnahm ich schon jetzt, was folgen sollte. Ich glaube er wollte mir zwar nichts böses, aber sich auf meine Kosten einen Spaß erlauben. Die Späße von Kindern können echt gemein sein. Er rief diese Frau, ich nenne sie der Einfachheit halber "Knüppelkuh". Ihre Ähnlichkeit mit dem Original aus dem Film, ist jetzt wo ich so drüber nachdenke, verblüffend. Es könnten Zwillinge sein. Piere sagte: " Der Marco will seine Sülze nicht essen." In Sekundenschnelle stand auch schon dieses monströse Wesen von einer Frau neben mir. Es kam mir vor, als würde das Licht ausgehen. So einen Schatten warf ihre Erscheinung. " Aufessen! " fuhr sie mich an " und zwar erst die Sülze!". Ich dachte, das kann sie jetzt nicht ernst gemeint haben. Doch das hatte sie. Alle Versuche ihr zu verklickern, dass ich das nicht esse und das mir das mit Sicherheit nicht bekommen würde, schlugen fehl. Ich musste vor ihren Augen ein großes Stück Sülze in den Mund stopfen. Als sie kurz ihre Augen von mir abwendete, nutzte ich die Gelegenheit um schnell dieses Stück aus dem Mund in meiner Hand verschwinden zu lassen. Doch da war noch dieser Piere. Und Piere wusste was er zu tun hatte, um jetzt seinen Spaß zu haben. Es kam wie es kommen musste. " Der Marco hat seine Sülze ausgespuckt " rief er petzend in den Raum. In dem selben Augenblick stand diese angsterzeugende Erscheinung neben mit. Sie griff mir das abgebissene Stück Sülze aus der Hand und stopfte es mir, mit bloßen Händen in den Mund. " Du isst das jetzt auf und schluckst das runter. Ich gehe hier nicht eher weg, bis ich gesehen habe, dass Du nichts mehr im Mund hast." Das tat sie dann auch. Piere konnte sich das Lachen nicht verkneifen. Ich begann zu kauen. Mit jedem Biss, bei dem ich auch noch dieses quietschende, knarzende Geräusch erzeugte, wie wenn man Gummi zerschneidet, würgte es mich mehr und mehr.

Dieses kalte Glibbergefühl...uuaah, grauenhaft. Jetzt kam es wie es kommen musste. Mein Magen wehrte sich. Der wollte das Zeug nicht. Genau wie ich. Ich hatte mich nicht mehr unter Kontrolle. So sehr ich es auch versuchte, schon allein aus Angst vor diesem Knüppelmonster. Aber, ich musste Kotzen. Ich brach alles was im Magen war heraus.

Plötzlich verstummte auch das Lachen von Piere und wich einem heulenden Geschrei. Mein Kotzestrahl hatte ihn erwischt. Zwar nicht mit Absicht, aber zumindest war jetzt das Lachen auf meiner Seite. Alle Kinder sprangen "Iiiih!!!" schreiend und quickend auf, und liefen wie ein aufgescheuchter Hühnerhaufen, um her. Die "Knüppelkuh" sah mein Lachen und "Pfatsch..." hatte ich eine sitzen. Ihre Ohrfeige war fast so heftig wie die von meinem Vater. Mit dem klatschenden Einschlag war sofort Ruhe im Raum. Alle Kinder blieben erschrocken, wie erstarrt, stehen und waren mucksmäuschenstill. Man konnte meine letzten Kotzetropfen auf dem Fußboden aufschlagen hören, welche mir durch die Wucht der Schelle, aus dem

Mund geschleudert wurden. Selbstverständlich gab es eine Meldung an die

Kindergartenleiterin, die ich eigentlich sehr mochte. Die Meldung fiel aber nicht so aus wie ich mir das vorstellte. "Knüppelmonster" packte mich am Arm. Ihre Hände waren vergleichbar mit den Händen eines Metzgers. Ihr Schraubstockgriff umschloss mein kleines Ärmchen, wie eine Würgeschlange, die gerade ein Kaninchen erdrosselt. Ihre Fingernägel bohrten sich in meine Haut, wie eine Reizzwecke in den Arsch, wenn man sich ausversehen drauf gesetzt hat. Es waren regelrechte Einschnitte. So zerrte sie mich zum Rapport. Dort erzählte sie Frau Gläser, das ich absichtlich mit Essen, einen Kindergartenkameraden angespuckt hätte. Mit ihrer Lüge in meinem Beisein, wollte sie mir wohl ihre Macht demonstrieren. Es gelang ihr. Frau Gläser glaubte ihr. Als meine Mutter mich abholte, erzählte sie ihr von dem Vorfall und meinte, dass sich noch so einiges an meinem Verhalten ändern müsse. Ich wurde auch zu meiner Meinung gefragt. Ich versuchte zu erzählen, wie ich es erlebte, also wie es wirklich war. Es war doch klar, dass mir nicht geglaubt wurde. Als Zeichen, das mir meine Mutter keine Lügen durchgehen lässt, und um das der

Kindergartenleiterin auch zu zeigen, fing ich mir gleich eine und das noch im Beisein von Frau Gläser. Dann erzählte sie der Leiterin, dass sie das von mir eigentlich gar nicht so kenne und das ich zu Hause immer aufesse und alles esse, auch Sülze. Klar war das nicht die Wahrheit, aber so war das Gespräch relativ unkompliziert beendet. Meine Mutter hasste solche Gespräche und war nach einer augenscheinlichen Scham gegenüber Frau Gläser, nun sichtlich genervt als sie mir beim Anziehen half. Naja und die Schnürsenkel konnte ich mir auch noch nicht binden.... Meine Mutter zerrte mich auf dem Heimweg regelrecht hinter sich her. Mit meinen kurzen Beinchen konnte ich ihren Schritten kaum folgen. Wenn sie mich nicht so fest gehalten hätte wäre ich wahrscheinlich gestürzt. Sie war aber so in ihrer Wut vertieft, dass sie es vermutlich nicht einmal gemerkt hätte und mich bis nach Hause geschliffen hätte. Zu Hause angekommen fing ich mir selbstverständlich erst mal eine von meinem Vater. Das hat mich allerdings nicht so richtig verwundert. Ich war es in so einer Situation schon gewohnt, dass das folgen würde. Was ich aber bei der ganzen Sache nicht verstanden hab, meine Eltern, die Kindergartenleiterin oder sonst wer, hassten Lügen. Aber wenn sie sich untereinander gegenseitig anlügen, glauben sie sich mehr als einen kleinen, fünfjährigen Jungen, der die Wahrheit sagt. Wer glaubt das die Geschichte dieses Tages damit schon geschrieben war, der hatte sich getäuscht und zwar genau wie ich. Denn zu meinem Glück oder besser gesagt Unglück, gab es an diesem Tag auch noch ein Abendessen. Dreimal dürft ihr raten was es wohl an diesem Tag zum Abendbrot gab. Ja genau, richtig geraten. Sülze....

5. Schulzeit...einem Hammerstart folgt eine schwere Zeit...

Wie würde sich ein Kind entwickeln, welches den Vater oft unter körperlichen Schmerzen zusammenbrechen sieht, welches lernen muss, das die eigene Wahrheit von den älteren als Lüge gesehen wird und nicht geglaubt wird und im Gegenzug glauben sie sich gegenseitig ihre eigenen Lügen. Wie entwickelt sich ein Kind, welches schmerzhafte Erfahrungen mit Gewalt im Kindergarten erfahren musste oder regelmäßig häuslicher Gewalt ausgesetzt ist. Für eine Zeit entwickelte ich mich nicht gerade positiv. Ich begann mich zu verändern. Ich wurde zunehmend verstörter. Einerseits immer verschlossener und eingeschüchterter und zurückgezogener und andererseits immer rüpelhafter und aggressiver seiner Umwelt gegenüber. Aber woher kam das. Ist es etwa das " Bockig-sein-Alter", wo ein Kind lernen und verarbeiten muss, dass es nicht immer nach seinem Kopf geht oder es alles bekommen kann was es will, dies aber nicht akzeptieren möchte, oder hatte meine Seele jetzt schon in dem jungen Alter unter den Schlägen und den häuslichen Umständen gelitten. Bis heute habe ich keine Ahnung. Man will ja auch nicht jemand verurteilen oder irgendwen irgendeine Schuld zuweisen.

Es kam der Tag, an dem meine Eltern eine blendende Idee hatten. Sie beratschlagten wie sie wohl mein Benehmen in die für sie richtigen Bahnen lenken könnten. Sie stellten fest, dass meine Mutter einen Bruder hatte, welcher ein in der DDR, sehr erfolgreicher Judoka war. Sie waren der festen Überzeugung, dass das doch bestimmt auch für mich etwas sei. Sie meinten: " Da wird ihm Disziplin beigebracht, Kampfsport bildet und formt einen guten Charakter und Respekt anderen gegenüber. Austoben kann er sich dort auch und dann wird er wenigstens ein bisschen ruhiger und ist nicht mehr so hyperaktiv. Da müssen wir uns weniger Sorgen um ihn Machen. Ja und aufgeräumt ist er auch und wir müssen uns einen Nachmittag weniger kümmern und haben mehr Zeit für uns." So wurde es dann beschlossen. Im Nachhinein muss ich sagen, war das für mich eine richtig, richtig gute Entscheidung. Im Übrigen, hat mir dieser Sport wirklich bei meiner Charakterbildung geholfen, mein Selbstbewusstsein gestärkt und mir respektvollen Umgang anderen gegenüber, den richtigen Umgang mit Lob und Tadel, sowie, trotz dass es ein Einzel- also Mann gegen Mann-Sport ist, Teamgeist und Begeisterung und Anerkennung wenn einer besser ist beigebracht. Aber ich war immer noch manchmal rüpelhaft und aggressiv. Das ging auch in der Schule so weiter. Vielen gleichaltrigen war ich im Intellekt etwa gleich, im Fleiß und der Ordnung und Sorgfalt und Akribie meilenweit unterlegen dafür in Aggressivität und Gereiztbarkeit sowie Ungehorsam um einiges voraus. Und so war ich bestimmt kein einfacher Mitschüler in meiner Klasse. Vieleicht fiel es mir ja gar nicht schwer mit mich mit anderen anzufreunden aber den anderen fiel es vielleicht schwer sich mit so einem wie mir anzufreunden. Sie kannten ja nicht die Umstände, die Hintergründe oder die Abgründe in meiner Seele oder meine Gefühle warum ich so war.

Warum ich manchmal der lustige Klassenkasper und witzige Clown war, der hinter dieser Maske nur seinen eigenen Schmerz und seine eigene Verletzlichkeit versteckte oder warum manchmal dieser aggressive miese Kotzbrocken war mit dem niemand etwas zu tun haben wollte. Ich kannte die Gründe ja selber auch nicht. Es fiel mir sehr schwer dies zu akzeptieren. Ich litt unter dieser Situation, kam überhaupt nicht damit klar. So war ich nicht nur bei einigen Mitschülern gebrandmarkt als der Depp über den man sich im besten Falle mal lustig macht, falls man ihn überhaupt einmal beachtet, sondern auch bei den Lehrern. Bei denen war ich abgestempelt als der unmögliche Schüler bei dem man nicht so gern in die Klasse geht, um dort Vertretungsunterricht zu machen. Aber ich hatte gerade am Anfang meiner Schulzeit nach einem schweren Unfall, ein richtig tolles Hammererlebnis, welches ich den Mitschülern in meiner Klasse und vor allem meiner damaligen Klassenleiterin Frau Kurt zu verdanken habe....

Es war Sonntag, der zwölfte April 1981. Ein wunderschöner warmer sonniger Frühlingstag, nach einem langen harten Winter. Ich bin gerade in eine neue Schule gekommen, weil wir umgezogen sind. Unsere alte Wohnung war zu klein. Wir waren mittlerweile eine fünfköpfige

Familie. In unserer Stadt wurde ein neues Wohngebiet gebaut mit Schule und Kaufhalle und

Spielplätzen und Kindergarten mit Kindergrippe und so weiter. Wir waren bei meinen

Großeltern zu Besuch. Diese wohnten unweit dieses Neubaugebietes. Ich nutze das schöne Wetter um in diesem Jahr die ersten Runden mit dem Fahrrad zu drehen. Das Fahrrad bekam ich von meiner Schwester. Sie hatte ein neues Klapprad bekommen und so bekam ich in der Zwischenzeit ihr altes. Ich fuhr so ein bisschen vor dem Haus, wo meine Großeltern wohnten umher. Es war eine verkehrsberuhigte Wohngebietszone. Ich fuhr ganz unbeschwert und sorglos umher, als ich urplötzlich ein richtig laut aufheulendes Motorengeräusch. Es war unglaublich laut und erschreckend. Man hörte, dass da jemand mit dem Gas eines Mopeds vom Typ Simson S50 spielte und zwar so heftig das sich das anfängliche Knattern überschlug und sich in ein wirklich lautes Heulen verwandelte. Von der sonntäglichen Ruhe war nichts mehr zu spüren. Dann sah und hörte man wie das Moped losfuhr. Ich war total erschrocken und durch das laute Motorengeräusch so eingeschüchtert, das ich nicht wusste wohin und in Panik geriet. Ich drehte mich um, denn das ohrenbetäubende Motorengeheule kam aus der Richtung hinter mir. Es wurde immer lauter und ich wurde immer panischer und ängstlicher. Ich fühlte mich durch die hohen Bordsteinkanten wie gefangen auf dieser kleinen

Vorhausstraße. Ich war irgendwie in dieser ausweglosen Situation unbeholfen. Der Mopedfahrer musste mich gesehen haben, denn es war eine total übersichtliche und kerzengerade Straße und ich war ganz allein. Auf der Straße war auch kein anderes Hindernis, welches eventuell den Fahrer hätte irritieren können. Ich dachte mir ich muss hier irgendwie wegkommen, denn das Moped näherte sich unheimlich schnell. Es war aus zu schließen, dass die vorgeschriebene Höchstgeschwindigkeit von 30km/h eingehalten wurde. Da ich mich mit dem Fahrrad so ziemlich in der Mitte der Straße befand und mit dem Rad nicht so reaktionsschnell und etwas behäbig und bewegungseingeschränkt war, versuchte ich mit Armraushalten anzudeuten, dass ich die Straße in einen angrenzenden Zugangsweg verlassen wollte. Ich drehte mich ängstlich um, um zu sehen wo das Moped ist, da sah ich es scheinbar direkt auf mich zurasen. Ich war geschockt und vor Schreck zur Salzsäule erstarrt. Ich war wie gelähmt konnte mich nicht mehr rühren. Das Moped hielt voll auf mich zu und machte keinerlei Anstalten mir auszuweichen oder anzuhalten oder mir ein Zeichen zugeben, dass mir keine Gefahr droht. Ein brutal lauter Knall, den ich bis heute nicht vergessen habe, beendete das laute Motorengeräusch und es war für einen Augenblick absolute Stille. Man konnte fast sagen Totenstille. Der Augenblick währte nicht lang und wich einem lauten jämmerlichen und apathischen Geschrei. Das Moped und der Fahrer, ich erinnere mich sogar noch an seinen Namen, Steffen O., lagen ca. zehn Meter entfernt von mir. Ich weiß nicht was ihn geritten haben muss, einfach so in ein Kind hinein zu rasen. Vielleicht wollte er mich nur erschrecken oder beeindrucken und angeben. Keine Ahnung, aber jedenfalls hatte er mich voll erwischt. Die Wucht des Aufpralls war so groß das der Stahlrahmen des Fahrrads gestaucht und total verbogen war. Jetzt könnte man meinen was war dann erst wohl mit mir passiert. Ich hatte mir das Schien- und Wadenbein gebrochen. Das war glaub ich Glück im Unglück. Ich schrie wie am Spieß, denn die Schmerzen waren brutal und aus irgend einen Grund fiel ich nicht in einen Schmerzschock, sondern spürte die ganze Zeit den kompletten Schmerz. Das Geschrei war so laut, dass man wahrscheinlich nicht einmal einen Notarzt telefonisch rufen musste, wahrscheinlich hätte er es auch so gehört. Auf jeden Fall war es so laut, dass fast alle Fenster der Bewohner des Häuserblocks aufgingen und die Leute interessiert und neugierig herausschauten. So auch meine Großeltern und da mein Großvater ein Ausgebildeter und stadtbekannter Sanitäter und Sanitäterausbilder war, lief er sofort heraus und wusste was zu tun war. Er leistete Erste Hilfe und schiente mir das Bein. Es war ein geschlossener Bruch, daher bis auf die Schürfwunden kaum Blut. Die Verletzung an meinem Bein sah aus wie eine Sprungschanze, weil der Knochen zwar rauspießte aber die Haut nicht durchdrang. Dann kam doch der Notarzt. Ich wusste wirklich nicht ob den jemand gerufen hat oder ob er wirklich durch mein Geschrei verständigt wurde. Ich schrie immer wieder das ich nicht sterben wolle und auch nicht ins Krankenhaus. Ich bekam auch noch mit, dass mein Großvater dem Unfallverursacher seine enorm große Hand angeboten hat. Aber nicht um ihn zu beglückwünschen sondern um sie in seinem Gesicht zu verewigen. Das tat er aber nicht. Mein Großvater war voll Herr der Lage und hatte sich und das Geschehen unter Kontrolle. Das war zehn Tage vor meinem Geburtstag. So also musste ich meinen siebten Geburtstag im Krankenhaus verbringen. Meine Eltern und Verwandten kamen mich besuchen und brachten mir die ganzen Geschenke mit ins Krankenhaus. Es waren sehr viele Bastelsachen und verschiedenste Baukästen. Ich liebte es Dinge zusammen zu bauen und zu konstruieren. Ich war aber auch eines von drei Geschwistern und hatte gelernt zu teilen und bei den unzähligen Kinderpatienten auf der Kinderstation des Krankenhauses, war Spielzeug Mangelware also stellte ich es mit zur Verfügung und es wurde dankend angenommen. Und eines kann ich sagen, mir als ein Kind der damaligen Zeit, war ein gemeinsames Spielen und Lachen mit anderen Kindern wichtiger und schöner als wie ein "Ichgetue" und "Meinegesage", so wie es heute teilweise ist. So war der Krankenhausaufenthalt gar nicht mehr so schlimm und für mich kurzweiliger, weil ich Freunde zum spielen hatte und ich hatte auch eine gute Tat getan und anderen Freude bereitet. Aber nicht nur ich war kameradschaftlich. Zu der Zeit war es eigentlich an der Tagesordnung so zu sein. In diesen Genuss durfte ich bald kommen, denn es kam die Zeit nach dem Krankenhaus und irgendwie musste ja auch mal die Schule weitergehen. Eigentlich lies meine Verletzung ein zur Schule gehen nicht zu. Mein Bruch war etwas komplizierter und ich hatte ein halbes Jahr einen sogenannten Liegegips. Aber meine Klassenlehrerin an der neuen Schule hatte etwas, was heute allgemein nicht so oft zu finden ist, ein Herz. Außerdem hatte sie noch etwas, was vielen Lehrern heute fehlt, einen Bildungsauftrag, welchen sie sehr ernst nahm. Sie hatte den Ehrgeiz, uns Kindern etwas beizubringen und keinen zurückzulassen. Für sie gab es keine Looser. Sie tat alles dafür, dass jeder von uns das Klassenziel erreicht und keiner auf der Strecke bleibt. Das tat sie auch bei mir. Sie legte jeden Tag zwei andere Schüler fest, welche mir dann den Lernstoff des jeweiligen Tages und die Hausaufgaben brachten. Das tolle daran war, weil sie jeden Tag ein anderes Schülerpaar auswählte, fiel die Last nicht auf einen einzelnen zu, welcher mich dann hassen könnte und somit das Klassenklima verschlechtern würde und dadurch, dass jeder einmal dran war, lernte auch jeder, einem schwächeren zu helfen. Das förderte nicht nur positiv den Charakter, sondern auch den Teamgeist und Zusammenhalt in unserer Klasse. Sie selbst nahm sich selbstverständlich nicht außen vor und besuchte mich regelmäßig, nicht nur um zu schauen wie es mir geht und ob die anderen Schüler mir die Schulaufgaben auch wirklich brachten. Nein, sie nahm sich die Zeit und schrieb mit mir, zu hause bei mir, alle Klassenarbeiten und Leistungskontrollen. So verpasste ich eigentlich nichts vom Stoff und konnte trotz der widrigen Umstände in die nächste Klasse mit versetzt werden. Man kann das gar nicht genug würdigen oder wertschätzen, was diese tolle Frau und Lehrerin eigentlich für mich gemacht hat. Die ganze Freizeit, die sie geopfert hat und die ganze Mühe, welche sie investiert hat, war enorm. Dafür bin ich ihr und unserer Klasse bis heute wirklich und echt dankbar. Das werde ich ihnen nie vergessen. Frau Kurt hätte es auch einfacher haben können, denn sie musste das alles nicht unbedingt für mich machen. Aber sie hat den für sie, für ihre Klasse und wahrscheinlich sogar für ihre Familie unbequemeren Weg gewählt. Das hätte mit Sicherheit nicht jeder Lehrer und nicht jede Schulklasse für mich gemacht. Denn es war nicht nur so, dass ich unbeliebt war bei jüngeren und gleichaltrigen Mitschülern sondern auch bei Lehrern. Weil ich nicht immer ganz so einfach war oder ganz so einfach zu verstehen war. Ich war der Sonderling, der bei den älteren Schülern ein beliebtes Mobbingopfer war. Ich war nicht nur kleiner und schwächer wie sie, sondern auch durch Schläge und Tritte, die sie mir verpassten, so eingeschüchtert, dass ich mich gar nicht getraute solche Vorfälle irgendwem zu melden oder geschweige denn, mich zu wehren. Und wenn ich solche Vorfälle einem Lehrer oder der Schulleitung gemeldet hätte, man hätte mir doch e nicht geglaubt. Schließlich war ich ja der Sonderling, der Lügner, der Rüpel oder der sich gern prügelt. Es war ja zu dem auch noch einfach jemanden anderes eine Lüge zu glauben, als wie meine komplizierte Wahrheit. So wie zum Beispiel bei diesem Vorfall. Ich war so etwa in der dritten Klasse. Der Unterricht an diesem Tag war schon vorbei. Ich besuchte die Hortbetreuung, welche direkt vor Ort in unserer Schule stattfand. Ich musste dahin, weil meine Eltern beide in Vollzeit berufstätig waren und ich da optimal aufgehoben und unter Beobachtung war. Außerdem wurde darauf geachtet, dass die Hausaufgaben erledigt wurden. Der Hort war auch schon vorüber. Ich war beim Umziehen wie immer sehr langsam und mal wieder der Letzte. Es war ziemlich leer im Schulgebäude. Alle waren augenscheinlich schon nach Hause gegangen. Ich glaub, dass nicht einmal mehr Lehrer oder Horterzieher beziehungsweise Betreuer noch da waren. Ich schlenderte so ziemlich unbefangen und sorglos durch den langen Schulgang zum Ausgang der Schule. Plötzlich hörte ich hinter mir ein " Ey, das ist doch der klaa Richter, Hey Richter bleib stehen." Ich war ein bisschen verwirrt und dachte mir: " Was wollen die den Von mir? " Es waren Olaf M., Sven Erik S. und ein Paar ihrer Freunde. Sie waren alle mindestens zwei, drei, vier Jahre älter wie ich und mir anscheinend nicht gerade wohlgesonnen. Dann spürte ich, das mich irgend etwas am Weitergehen hinderte. Sven Erik hielt mich, von hinten, am Schulranzen fest. Es war schon echt mutig von denen, einen um einige Jahre jüngeren Mitschüler von hinten anzugreifen. " Ey Lenin, Du Kommunistensau. Dein Vater ist doch der Lenin" vernahm ich von einen von ihnen. " Ich heiße nicht Lenin und mein Vater auch nicht. Ich weiß auch nicht mal was eine Kommunistensau ist. " erwiderte ich. " Halt´s Maul! " entgegneten sie mir, dann hatte ich die erste Schelle von hinten sitzen. " Hey, hört auf! Ich hab euch doch gar nichts getan." Daraufhin zog mich einer von ihnen am Ranzen, von hinten zu Boden. Ich hatte keine Chance. Dann trat mir einer von ihnen auf die Hände. Ich schrie laut auf. "Halt bloß die Fresse, Kommunistensau. Dein Vater ist doch der Lenin, der Parteisekretär. Ihr seit doch alles solche Schweine. Du griegst gleich eine in die Fresse wenn du dein Maul nicht hältst"

Patsch, da hatte ich auch schon eine Faust im Gesicht. Ich rief weinend, aber laut, dass sie mich in Ruhe lassen sollten. Irgendwie konnte ich mich in einen kleinen Gekampel hochwurschteln und aufrappeln. Dann schubsten sie mich hin und her und zwar immer einer zum anderen. Jeder war einmal dran. Dann entbrannte in mir so etwas wie Wut und Zornesmut. Ich schrie" Lasst mich in Ruhe! Ich kann Judo und wenn ihr mich nicht in Ruhe lasst, dann werde ich mich wehren und ich melde das". Sie lachten nur höhnisch und schubsten mich weiter hin und her. Dann packte mich Sven Erik und sagte zu mir: " Was willst du denn Richterlein, he, was willst Du denn?" Das kam mir bisschen komisch vor, dass er mich fragte, was ich wollte. Dabei hatten die doch angefangen. Als er mich so fest hielt packte, mich der Mut der Verzweiflung. Ich fasste in mit einem kräftigen Griff und warf ihn mit einem " Harai-goshi", einer Judotechnik, wo der Angreifer seinen Gegner am

Oberkörperkragen mit den Händen fixiert und in einer Drehbewegung und einem Fußfegen, außen über die Hüfte zu Boden wirft. Ich war wie im Rausch. Einmal so im Kampfmodus drin, hielt ich ihn mit einer Festhalte fest, bei der ich meinen Arm um seinen Hals schlang und zudrückte und mit dem anderen Arm hebelte ich seinen Arm, den ich aus der Wurfbewegung immer noch festhielt, über mein Bein. Der Überraschungsmoment war kurz auf meiner Seite und Sven Erik klopfte mir versöhnlich auf den Rücken und sagte: " Is scho gut Richterlein". Ich lies von ihm ab und dachte, das es jetzt vorbei ist und ich überraschenderweise noch mal glimpflich davon gekommen bin. Was für ein Fehler. Im nächsten Augenblick schlugen die anderen, wie ein Rudel Wölfe was sich über ein Lamm hermacht, auf mich ein. Ich war ihnen hilflos ausgeliefert und kassierte endlose Schläge und Tritte. Nur Sven Erik beteiligte sich nicht an dieser einseitigen und nicht gerade unter fairen Kräfteverhältnissen stehenden Schlägerei. Er sagte irgendwann: " Hey, hört auf! Es reicht, der hat schon genug ". Wow, das fand ich respektvoll mir gegenüber und hätte mir irgendwie meine Würde gelassen. Just in dem Moment, traf mich die Faust von Olaf im Gesicht und ich schwank mit dem Oberkörper nach hinten. Dann versetzte er mir mit seinem Knie einen heftigen Treffer in der

Magengegend. Ich bekam keine Luft mehr und konnte nicht atmen, geschweige dem schreien oder mich irgendwie wehren. Ich lag schmerzgekrümmt und um Luft ringend am Boden. Das hatte gesessen. Ich konnte nicht mal um Hilfe schreien. Sie leisen mich hilflos, einfach so am Boden liegend, zurück. Nicht einmal Sven Erik,, der wenigstens versuchte, mir respektvoll meine Würde zu lassen, half mir. Sie drehten sich nicht einmal nach mir um. Ich glaube ich geriet bei ihnen schon wieder in Vergessenheit, denn ich hörte wie sie sich über die Fußballspiele des letzten Wochenendes unterhielten. Das und so ähnliche Geschehnisse passierte mir öfters. Ich glaube zwar nicht, dass sie es taten, weil sie eventuell Neonazis waren, die keine Kommunisten mögen aber es fühlte sich für mich so an und eines kann ich sagen, auch in unserer so perfekten und geliebten DDR, gab es damals schon Neonazis und das nicht wenige. Es gab viele Menschen, die das System in der DDR nicht mochten, ich war ja selbst mit vielen Dingen kritisch und nicht einverstanden. Deshalb auch beäugte mich die Lehrerschaft oft missmutig, aber so etwas hatte weder mit Kritik an Lenin, am System oder mit Neonazis zu tun. Sie taten das aus Spaß und lange Weile und ich glaube, außer vielleicht Sven Erik, sie waren einfach nur böse und hatten Spaß daran andere zu quälen und drangsalieren. Ich vermute auch, sie glaubten somit Anerkennung von den anderen aus ihrer Clique zu bekommen. Ja Anerkennung, das hätte ich zu der Zeit auch gern mal gehabt. Vielleicht habe ich auch deshalb es in manchen Situationen ähnlich gemacht und manchmal einfach so aus Spaß die Schlägerei mit einem

Schwächeren oder Gleichaltrigen gesucht, aus irgendwelchen fadenscheinigen Gründen oder auch nur so aus langer Weile oder Spaß oder im Glauben einen Lacher von anderen zu bekommen, die da drum herum standen in den Situationen. Lacher bekam ich schon ab und zu mal, aber Anerkennung? Die blieb aus. Vielleicht aber auch gerade deswegen, weil ich mich halt auch ab und zu wie ein Arsch verhalten habe, worauf ich nicht gerade stolz bin. Vielleicht habe ich mir auch so ein paar Sympathien mir gegenüber verspielt, dass wo ich eh nicht so viele davon hatte. Weil bei den meisten Menschen in unserer Bevölkerung waren, egal ob man dem System wohlgesonnen war oder nicht, Arschlöcher unbeliebt. Denn die der Großteil von uns, die wir in der DDR aufgewachsen sind hatte Herzblut, Humor, eine gute Seele und war kameradschaftlich und hilfsbereit anderen gegenüber. Das war das was uns eigentlich auszeichnete. Wir taten es, so wie meine Großmutter es mir immer geraten hatte. Wir versuchten wenigsten ein keines bisschen Mensch zu sein. Das ist eine Charaktereigenschaft die uns sogenannten Ossis von dem Großteil der heutigen Generation unterscheidet. Mensch sein und Herzblut.

6. Mit dem Essen war das so eine Sache...

Jeder Mensch macht Phasen durch, welche sich unterscheiden. Gute Phasen, schlechte Phasen, Phasen, die einen weiterbringen und Phasen, die einen verzweifeln lassen. Ich hatte gerade das Gefühl, dass ich eine Phase hatte, bei der keine Sonne schien, bei der kein Lachen zu hören war, bei der es kein Glück für mich gab und bei der ich nicht als normaler Mensch wahrgenommen wurde oder gar Liebe mir gegenüber spürte. Ich verzweifelte an dieser Phase, nicht nur wegen dieser körperlichen und seelischen Härte und Brutalität, sondern auch weil ich kein Ende dieser Phase sah. Ich zog mich immer mehr zurück. Wenn ich mal zu sehen war, dann mit einem Wutausbruch, seelisch total in die Ecke gedrängt oder mit vorgetäuschtem Humor kasperte ich mir die Depressionen weg und rang um Anerkennung die ich glaubte mit meinem Witz zu erlangen. Denn mit Humor lässt einen so einiges ertragen und mit Humor kann man sich in die Herzen der Menschen bringen und wenigstens ein kleines bisschen Beachtung finden. Mit Humor und Liebe, so sagt man, kann man alles erreichen. Ich habe mich für Humor entschieden. Klar, beides wäre normalerweise das Ideale gewesen. Aber an Liebe oder selbst geliebt zu werden habe ich schon lange nicht mehr geglaubt. So machte ich meine Späße und lies kaum eine Gelegenheit aus, um nicht irgendwie meine Witzchen zu machen. So wurde ich wenigstens nur ausgelacht oder belächelt und nicht verprügelt und schikaniert. Das war zumindest außerhalb meines zu Hauses so. So sehr ich es auch zu Hause versuchte, weil ich merkte das es draußen ja auch funktionierte, so sehr warf mich die Enttäuschung, das es zu Hause nicht klappte, in ein psychisches Loch. Es setzte mir richtig zu. Ich hatte Essstörungen und fuhr mehrfach auf Kinderkuren, wo mich die Jugendärztin Frau Dr.Junge hinschickte. Natürlich half das nichts. Die zwei Kilo, die ich mir dort anfraß, hungerte ich mir innerhalb von einer Woche zu Hause wieder runter. Meine Eltern gaben uns Kindern täglich Brotbüchsen mit Schulbrot mit. Schulmilch und Mittagessen in der Schule bekamen wir als kinderreiche Familie, staatlich unterstützt, vergünstigt. Die Milch in der Schule trank ich meistens. Das Schulesse war ok, aber ich brachte nicht viel runter und das Pausenbrot brachte ich regelmäßig komplett wieder mit nach hause. Meinen Eltern passte das gar nicht und ich musste dann meistens mein wieder mitgebrachtes Schulbrot zu Abend essen. Ich quälte mir oft das Abendbrot gerade so runter um es dann wenige Augenblicke später, wenn es keiner bemerkte wieder auf der Toilette raus zu würgen. Eines Tages kam mir eine verhängnisvolle Idee, wie sich später herausstellen sollte. Mein Vater kontrollierte irgendwann regelmäßig meine Brotbüchse. Um eventuellen Schlägen zu entgehen und um abends nicht das alte Schulbrot, welches den ganzen Tag in meiner Schultasche war, essen zu müssen, musste ich mir irgend etwas einfallen lassen um das Schulbrot verschwinden zulassen. Eines Tages kam mein Vater früher von der Arbeit nach hause und ich hatte vergessen das Schulbrot in der Schule verschwinden zu lassen. Jetzt musste es irgendwie schnell gehen, denn ich wusste, mein Vater würde gleich als erstes meine Schulsachen, Hausaufgaben sowie meine Brotbüchse kontrollieren. Ich wusste irgendwie keinen Ausweg. Zwischen den Kinderzimmern und dem Hauptflur war noch so ein kleiner Zwischenflur, wo ein großer Kleiderschrank stand in welchem sich die Klamotten von mir und meinem jüngeren Bruder befanden. Unser gemeinsames Kinderzimmer war so klein, dass da der Schrank nicht hineinpasste. Da dieser Schrank auf kleinen Füßen stand, war unter ihm ein

Zwischenraum, der genug Platz bot, um darunter mein Pausenbrot verschwinden zu lassen. Als mein Vater seine Kontrollen vornahm, konnte ich ihm eine leere Brotbüchse präsentieren. Ich war ziemlich erleichtert, dass er mich diesmal in Ruhe lies und es mal ein Tag ohne Prügel war. Einfacherweise lies ich diese Art des Brotverschwindens zur Gewohnheit werden, weil es ja augenscheinlich klappte. Es kam schließlich wie es kommen musste. Es war ein Sonntagnachmittag. Es waren gerade Ferien. Das Brotversteck unterm Schrank war bei mir schon längst in Vergessenheit geraten. Wir waren gerade einen Tag vorher von einer Urlaubsreise zurückgekommen, bei der sich unsere Eltern eigentlich immer Mühe gaben, das es für uns alle halbwegs schön war. Es gab kaum Streit und fast keine Prügel. Eigentlich war alles so wie bei jeder anderen ganz normalen Familie. Meine Mutter ging an diesem Tag einem eigenartigen Geruch nach, den sie schon am Tag vorher bei unserer Heimkehr festgestellt hatte. Sie war eine sehr reinliche und fleißige, saubere Hausfrau. Aber wer macht denn schon jeden Tag unter einem Schrank sauber. Heute war so ein Tag, denn meine Mutter wollte wissen wo dieser Geruch und die kleinen Kellerasseln und Käferchen herkamen. Sie putzte akribisch jeden Millimeter unserer Wohnung. Schließlich kam sie in unseren sogenannten Kinderflur mit dem Kleiderschrank an. Sie fragte mich ob ich irgendeine Dreckwäsche vielleicht vor unserer Abreise dort drin deponiert hatte. Ziemlich verlegen verneinte ich und hatte immer noch ein bisschen Hoffnung, dass ich irgendwie glimpflich noch aus dieser Situation herauskommen würde und meine Eltern das Versteck nicht entdecken würden. Man sagt ja immer: " Die Hoffnung stirbt zuletzt, aber sie stirbt". Das tat sie auch und zwar in dem Moment als meine Mutter mit einem langen Besen unter dem Schrank hervorkehrte, was ich mühevoll wochenlang darunter versteckte. Sie schrie laut " Iiiiiiih!!! Marco du Sau! " Klar wusste sie wer das Zeug da versteckt hatte. Da hätte auch die beste Ausrede nichts geholfen. Das war selbst mir klar. Mein Vater hörte vom Wohnzimmer aus nur meine Mutter schreien und meinen Namen rufen. Das reichte ihm schon wutentbrannt herüber zustürmen. Da ich ja, von meiner Mutter gerufen, neben ihr stand, fing ich mir sofort, ohne dass mein Vater genau wusste warum meine Mutter schrie, eine, zwei, drei, vier Ohrfeigen ein. Es könnten auch mehr gewesen sein, aber bei vier habe ich aufgehört zu zählen bzw. mir zu merken. Als er sah um was es ging, schrie auch er mich an " Marco du Sau! So gehst Du mit Essen um? Es gibt Länder auf diesem Planeten, wo die Kinder und deren Eltern hungern müssen und fast gar nichts zu essen haben und Du? Du schmeißt dein Schulbrot, wofür deine Eltern hart gearbeitet haben, dass du überhaupt etwas zu Essen hast, einfach so weg. Dann hier noch unter den Schrank. Was glaubst Du wer die Sauerei wieder weg macht. Eines sag ich Dir, Du wirst das nie wieder machen, dafür werde ich sorgen. Das garantiere ich dir." Im Grundprinzip hatte er recht, aber er wusste ja nicht wie es in meiner Seele aussah. Warum ich das machte. Wie auch. Es hätte ihn eh nicht interessiert oder er hätte es mir nicht geglaubt. Darüber nachdenken oder zuzugeben, ob der Umgang mit mir, eventuell

Verhaltensstörungen bei mir hätten auslösen können, kam sowieso nicht in Frage. Dann riss er meiner Mutter den langstieligen Besen, mit dem meine Mutter die total verdorrten Brote unter dem Schrank hervorkehrte, aus den Händen und schlug damit auf mich ein. Ich und mein Köper hatte das Glück, dass nach dem zweiten Schlag der Besenstiel zerbrach und sich ein weiteres zuschlagen nicht lohnte. Gott sei Dank, tat mein Vater das auch nicht. Die Schmerzen waren aber auch so schon, nach diesen zwei Schlägen, enorm. Ich habe bis heute keine Ahnung, wie ich dabei und bei ähnlichen Situationen nicht ernsthafter verletzt wurde oder wie in diesem Falle, nicht mein Kopf getroffen wurde. Ich glaube, dass hätte ich wahrscheinlich nicht ohne größere und bleibende Schäden oder überhaupt überlebt. Naja, die Situation war aber noch nicht zu Ende. Mein Vater nahm erstmal das Brot auf die Seite und dann durfte ich den angetrockneten Gammelbatz vom Fußboden unter dem Schrank, wegschrubben. Es fiel mir unheimlich schwer. Aber nicht etwa, weil ich es so eklig fand, sondern weil ich mit meinen total verheulten Augen fast nichts gesehen hatte und ich mich vor Schmerzen kaum bewegen konnte. Als ich fertig war, musste ich meinem Vater Meldung machen und er kontrollierte, ob auch alles zu seiner Zufriedenheit gereinigt war. Apropos Zufriedenheit, zufrieden war mein Vater jetzt damit noch lange nicht. Ich hatte immer das Gefühl, mein Vater war erst befriedigt, wenn er mich so richtig erniedrigt hatte und mir, allen anderen und sich selbst damit gezeigt hat, dass er die Macht hat. So auch jetzt, denn was jetzt folgte, hatte mit

Erziehungsmaßnahmen oder ähnlichen rein gar nichts zu tun. Es war einfach nur erniedrigend und absolut ekelhaft. Ich musste jetzt als absolutes Highlight in dieser Situation das alte Brot essen. Und wehe ich hätte gekotzt. Ich glaube, ich hätte dann bestimmt nicht nur wieder Schläge bekommen, sondern hätte vielleicht auch noch meine Kotze essen müssen. Also tat ich, was von mir verlangt wurde. Übrigens war das auch mein Abendbrot. Nicht dass es nicht noch etwas zum Abend gegeben hätte, aber ich musste nach dieser Aktion, sofort und ohne irgendein weiteres Essen, ab ins Bett. Das tat ich dann auch. Selbstverständlich entleerte ich beim Bettfertigmachen im Bad noch meinen Magen in die Toilette. Dies gelang mir, ohne dass ich dabei erwischt wurde. Dieses Erlebnis werde ich genauso wenig vergessen wie Folgendes. Der Judosport, den meine Eltern für mich extra ausgesucht hatten, war mittlerweile zu einer Leidenschaft von mir geworden.

Ich war dabei auch noch richtig gut. Als ich eines Abends von einem anstrengenden Wettkampf, völlig ausgepowert und ziemlich hungrig nach hause kam, freute ich mich schon auf das Abendessen, denn ich roch, es gab Bratkartoffeln. Ich hatte ja schon einmal erwähnt, dass ich Bratkartoffeln liebte. Wir saßen alle gemeinsam in der Küche. Jeder hatte bereits eine Portion gegessen. Es war noch etwas in der Pfanne. Meine Mutter fragte ob noch jemand etwas wolle. Es war einer dieser seltenen Tage wo ich mal etwas mehr Appetit hatte und dann noch nach dem anstrengenden Wettkampf. Ich hatte schon alles was auf meinem Teller war aufgegessen. Da sich niemand, außer mir, meldete, um noch etwas zu bekommen, versuchte meine Mutter die verbliebenen restlichen Bratkartoffeln auf mich und meinen Vater aufzuteilen. Man muss wissen, auch mein Vater aß gern Bratkartoffeln. Es war so etwas wie sein Leibgericht. Meine Mutter begann mit meinem Teller. Als mein Vater bemerkte, dass auf meinem Teller mehr war, als noch in der Pfanne für ihn übrigblieb, rastete er komplett aus. Er riss meiner Mutter die Pfanne aus der Hand holte aus und knallte sie mit voller Wucht auf dem Küchentisch. Alles auf dem Tisch befindliche Besteck und Geschirr hob von der Tischplatte ca. einen halben Meter ab schlug wieder auf mit einem ohrenbetäubenden Aufschlaggeräusch. Alle Teller gingen kaputt und die Scherben vermischten sich mit den Bratkartoffeln und so war es das für mich mit einem Nachschlag. Tja, aber auch mein Vater ging leer aus. Die für ihn bestimmten, noch in der Pfanne übriggelassenen, Bratkartoffeln flogen durch die Wucht beim Ausholen an die neulich erst tapezierte Küchendecke und blieben dort erst einmal kleben, um dann wenige Augenblicke später, klatschend und pflatschend, auf das Scherbenhaufenbratkartoffelgemisch auf dem Küchentisch, aufzuschlagen. Jetzt drehte er komplett durch. Meine Schwester und mein Bruder ergriffen geistesgegenwärtig die Flucht und verschwanden blitzschnell aus der

Küche in ihren Zimmern. Ich kam irgendwie nicht weg, weil mir der Weg versperrt war und außerdem fand ich die Situation so unglaublich lustig, wie in so einer Schwarz-Weiß-Komödie mit Charlie Chaplin. Ich musste deshalb so herzlich und laut lachen das ich es nicht mehr zurückhalten konnte. Meinen Vater hat das nur noch mehr auf die Palme gebracht und gereizt. Jetzt schnappte er sich den Küchenstuhl, von dem ich kurz vorher, vor Schreck aufgesprungen war und zerschlug ihn mit zwei kräftigen Hieben auf meinen Rücken in seine sämtlichen Einzelteile. Ich hatte zum Glück es irgendwie geschafft mich in schützender Babykauerstellung einzuigeln. Ich glaube nur aus diesem Grund habe ich das überlebt. Es war einfach nur Glück. Ich habe versucht vor Schmerz zu schreien. Ich bekam keinen einzigen Ton raus, außer das todesängstliche um Sauerstoff ringende, tiefe Luftholen erzeugte so etwas wie Geräusche. Ich empfand diese Szene so dermaßen grauenvoll, dass ich sie nie vergessen oder jemals richtig verarbeitet hatte. Sogar meine Mutter war kurzzeitig so geschockt und harrte für einen kurzen Augenblick völlig erstarrt inne, ehe sie wieder Worte fand. Die Worte die sie dann aber jedoch fand habe ich bis heute nicht fassen können und in jeden Alptraum, den ich seitdem über diese Situation hatte und es waren bis heute unzählig viele und es hat nie aufgehört damit, bis heute nicht, wiederholte sich diese Szene immer und immer wieder und ich musste auch immer wieder über die Worte nachdenken , welche meine Mutter gewählt hatte. Sie sagte, als sie nach einem kurzen Schockmoment die Worte wiederfand: " Vater, sag mal spinnst du? Du musst doch weiß es Gott spinnen! Wie kannst den du den schönen Stuhl auf den armen Gung kaputt dreschen?!" Meine Mutter hat meinen Vater lustiger Weise, obwohl es ihr Mann war und ist, Vater genannt und das

Wort "Gung" steht vogtländischen Dialekt für Junge. Also jetzt mal grob übersetzt, wie konnte er nur den schönen Stuhl auf mir kaputtschlagen. Wenn in den vielen Alpträumen darüber, mir die Worte nochmal durch den Kopf gingen, hörte es sich im ersten Moment für mich so an: warum der doch so schöne Stuhl auf mir kaputt gehen musste. Ich weiß, es kann ja sein, und das glaube und hoffe ich zumindest ja auch, dass sie es nicht so gemeint hatte und ich vermute zumindest mal das ihre Sorgen mehr meinem Wohlergehen galten als wie den Sorgen um den Stuhl. Aber, immer wenn ich davon träumte lagen mir auch diese Worte in den Ohren und es fühlte sich nicht so an, als ginge es ihr um mich, sondern um den scheiß, beschissenen, verfluchten Stuhl. Immer wieder dachte ich darüber nach, ob ich wirklich nicht so viel wert war wie dieser blöde Küchenstuhl. Ich hätte, wenn es blöd gelaufen wäre, sogar auch schon beim ersten Schlag tot sein können. Aber hey, da war ja dieser Stuhl. Wie konnte er nur diesen schönen Stuhl...nicht etwa wie kannst du den armen Gung. Nee, als erstes kam, wie kannst du den schönen Stuhl. Das ging und geht mir bis heute nicht in den Kopf. Die Alpträume darüber hatte ich zu Hauf und habe sie bis heute noch und weiß nicht ob ich jemals all diese Szenen und Situationen aus dem Kopf bekommen werde. Es tut mir leid, aber ich musste das so schreiben, weil ich es so empfunden habe.

7. Der Anfang der Hoffnung war ein „Stripped" und zwar von Depeche Mode

Es kam die Zeit, wo ich als Jugendlicher die Musik für mich entdeckte. Musik hören oder gar selbst welche machen. Es war im Februar 1986 und ich war ein elfjähriger Junge, der etwas suchte. Der auf der Suche war aber nicht mehr nach Liebe. Denn die Hoffnung geliebt zu werden, hatte ich schon aufgegeben. Ich wollte einfach nur das es vorbei ist. Vieleicht waren das ja so etwas wie

Selbstmordgedanken, keine Ahnung, aber ich wollte einfach das es vorbei ist. Das es aufhört, das es aufhört weh zu tun körperlich, dass es aufhört weh zu tun, wenn man erniedrigt wird. So wollte ich nicht ewig leben. Alleine und in der Gefühlskälte des Alltagskosmos zurückgelassen. Ich fühlte mich wie ein Komet, der ganz alleine durch das finstere, eiskalte und unendliche Universum raste auf der Suche nach der hellen warmen Sonne, nach dem hellen warmen Stern, nach dem Licht im endlosen und finsteren Schwarz, nach der Wärme im riesigen und kalten Weltall. Denn ich dachte mir irgendwo musste es doch mein Licht im Dunkel geben. Irgendwo musste es doch die Wärme für mich geben. Irgendwo musste doch die Zeit und den Ort für meine Hoffnung geben. Der Ort und die Zeit das verletzende und das schmerzende Vergangene hinter mir zu lassen. Gab es diesen Ort überhaupt, wo ich das alles ausblenden konnte. Ja, es gab diesen Ort. Dieser Ort saß direkt auf meinen Schultern und war zwischen meinen Ohren. Wobei diese auch dazu gehörten. Klar mein Kopf. Normalerweise bräuchte jemand in meiner Situation für diesen Ort ein Wunder oder einen Psychologen. Das Wunder kam. Es kam an einem Tag im Februar im Jahr 1986. An jenem Februartag schaltete ich ein wenig an unserem Radio herum und landete bei einem Radiosender namens Jugendradio DT64. Die Moderatoren hörten sich eigentlich ganz cool an. Plötzlich hörte ich, dass sich da jemand ein Lied gewünscht hatte und damit jemanden grüßen wollte. Ich wusste das bis zu diesem Zeitpunkt gar nicht, dass es einen Radiosender gab bei dem man sich Lieder wünschen konnte und dabei gleichzeitig jemanden grüßen konnte. Dann wurde der Name der Band genannt. Von der Band hatte ich schon öfters gehört, aber noch nie bewusst ein Lied von der Band, mit dem Bewusstsein ich höre mir jetzt mal das Lied so und so von dieser oder jener speziellen Band an. Dann vernahm ich die ersten Töne. Ein kurzer Gitarrenriffsound und dann so ein rhythmisches tuckern wie bei einem Traktor oder bei einem alten Schiffskutter und dann der Oberhammer diese sphärischen, metallischen Sounds und diese hymnische Melodie, wow. Dann dieser Gesang von dem Sänger. Da hat es mich dann endgültig erwischt. Ich hatte erst Gänsehaut, dann später war ich so hin und weg, dass ich zu heulen anfing. Ich heulte wirklich und zwar wie ein Schlosshund. Bisher heulte ich, wenn ich mal heulte, immer nur wegen körperlichen Schmerzen oder verletzten Gefühlen. Das ich einmal Heulen würde wegen eines positiven Erlebnisses, hätte ich nie gedacht und mir nie vorstellen können. Auch vor Freude heulen konnte ich nicht. Erstens, weil ich kaum wusste, was diese Freude überhaupt war und zweitens, weil ich sowieso selten heulte oder irgendwelche Gefühle, egal welcher Art, zeigte und zwar weil ich nicht zeigen wollte wie verletzlich ich eventuell war. Dann dieser

Hammersong, wenn man das Video dazu kannte, bekommt das Wort Hammersong gleich nochmal eine andere Bedeutung. Das Lied hieß " Stripped " und die Band " Depeche Mode ". In dem

Video wurde, immer im Rhythmus des Liedes, mit Vorschlag-hämmern ein Auto demoliert. Aber ich hörte ja Radio und nahm diesen Hammergeilen Song nur mit meinen Ohren war. Plötzlich war es passiert. Ich hatte genau das gefunden wonach ich immer suchte, aber nicht mehr glaubte, dass ich es jemals finden werde. Liebe. Ich glaube wirklich, ich war verliebt und zwar in dieses un-glaublich tolle Lied, in diese wunderschöne Musik, in diesen sich fast schon heilend anfühlenden und für mich somit hoffnungsvol-len Gesang von dieser Band. Meine erste große Liebe: Depeche Mode. Die Liebe zu dieser Band war ab da an die einzige positive Konstante in meinem Leben und ist bis heut nie erloschen. Depe-che Mode schaffte es mit ihrer Musik, woran Psychologen wahr-scheinlich kläglich gescheitert wären. Sie ließen mich abschalten. Ich konnte vergessen. Das erste Mal nicht an irgendeinen Schmerz zu denken, das erste Mal nicht irgendeine Erniedrigung ertragen, das erste Mal kein einziger negativer Gedanke. Das erste Mal dachte ich, dass der Komet das Dunkel dieses finsteren Ortes durchbricht, um ins Licht zu kommen und um dort die ganze Kälte und Finsternis hinter sich zu lassen und endlich Licht und Wärme zu verspüren und die Energie zu schöpfen die dieser Ko-met brauchte, um vorwärts zu kommen und um selbst weiter zu leben. Hoffnung. Hoffnung war diese Energie und "Stripped" von Depeche Mode war meine Hoffnung. Depeche Mode war meine Energie, war mein Glück, war mein Wunder, war mein Psycho-loge und Depeche Mode blieb das auch und zwar mein ganzes Leben lang.

8. Lokführer, Offizier, Spion oder Metzger....

Irgendwann kam auch in meinem Leben der Zeitpunkt, wo ich mir so langsam Gedanken machen musste, welchen Weg ich einmal gehen würde, auch und gerade beruflich. Ja, eigentlich wollte ich ja Lokführer werden. Um diesen Beruf ausüben zu wollen, hätte ich zu dieser Zeit erst einen technischen Beruf wie Maschinenschlosser oder Elektriker erlernen müssen, um mich dann später als Lokführer weiterbilden zu können. Leider gab es in unserem Landkreis zu der Zeit, wo ich hätte meine Bewerbung abgeben müssen, nur eine Lehrstelle dafür. Es war also aussichtslos für mich. Ich hatte absolut keine Chance. Dann bekam irgendwie die Berufsberatung in einen Beratungsgespräch mit, dass ich gerne

Kraftmaschinen- oder Anlagenschlosser werden wollte und es zu wenig Lehrstellen dafür in unserem Landkreis gab. Sie kannten den Hintergrund nicht, warum ich das gerne werden wollte und so hatten sie eine glorreiche Idee. " Herr Richter", ich war gerade einmal vierzehn

Jahre alt und die sprachen mich mit Herr Richter an. Soviel Respekt und

Unvoreingenommenheit mir gegenüber hatte ich bisher nicht gekannt und nicht erwartet und das hatte mich auch ein bisschen überrascht, weil ich so etwas ja bisher auch nicht gewohnt war. " Herr Richter, wir haben hier gelesen, Sie haben sich für den Beruf als

Maschinenschlosser für verschiedene Bereiche, wie Kraftmaschinen, Kraftfahrzeuge oder Anlagen interessiert. Aber die Situation in unserem Landkreis lässt eine Ausbildung für Sie in einen dieser Bereiche derzeit leider nicht zu. Es fehlen einfach die Ausbildungsplätze in diesem Bereich. Aber wir hätten da eventuell sogar eine richtig gute Lösung für Sie. Die NVA. Wenn Sie zur Armee gehen, da können Sie an so vielen Anlagen, Kraftmaschinen oder

Kraftfahrzeugen herumschlossern wie Sie wollen. Da gibt es immer was zu tun. Da geht

Ihnen die Arbeit bestimmt nicht aus. Was halten Sie davon. Vor allem wenn Sie da eine Offizierslaufbahn einschlagen, verdienen Sie wahrscheinlich um einiges mehr, als bei einer gleichwertigen Arbeit in dieser Branche. Und Sie könnten sämtliche Führerscheine machen und das als so junger Mensch. Wenn Sie einen Beruf in der Armee ausüben, haben Sie ein gesichertes und geregeltes Einkommen und wahrscheinlich den sichersten Arbeitsplatz der Welt.". Naja, eigentlich wollte ich ja Lokführer werden oder eventuell Busfahrer, wo übrigens ähnliche Voraussetzungen gefordert waren wie beim Lokführer. Aber da ich da wohl, so wie es aussah, kaum Chancen hatte, klang deren Vorschlag für mich eigentlich ganz interessant. Ich sagte ja klar warum nicht. Ich musste so ein Vorauswahlformular ausfüllen, dass ich eventuell als Kandidat für eine Militärische Ausbildung Interesse hatte. Dann gaben sie mir noch einen ganzen Stapel Werbeprospekte mit. Ich schleppte das ganze Zeug heim und las so einiges durch. Da war schon der ganze zukünftige Weg auf- und vorgezeichnet. Wie man mit welcher Schulbildung was machen konnte und wie man mit unterschiedlichen Schulbildungen auf unterschiedliche Arten und Weisen das gleiche Ziel erreichen konnte. Das war nach einer anfänglichen Skepsis eigentlich ziemlich spannend für mich. Am Abend als dann mein Vater heimkam, fragte er mich natürlich wie mein Gespräch im Berufsberatungszentrum war. Ich teilte es ihm mit, wie es so abgelaufen war und sagte ihm, dass ich den Entschluss gefasst habe zur NVA zu gehen, um dort als Maschinenschlosser Offizier zu werden, da es wohl mit Lokführer oder Busfahrer nichts wird. Außerdem hatte ich auch noch so ein kleines bisschen den Hintergedanken, dass dies meinem Vater gefallen könnte und ich vielleicht, so eventuell endlich einmal, ein bisschen die Anerkennung von ihm bekommen könnte, die ich mir schon immer gewünscht hatte. Vielleicht war das sogar ja der eigentliche Hauptgrund warum ich das machen wollte. Ich wollte ihm immer gefallen, eigentlich immer etwas machen, was ihm gefallen könnte, wo ich seine Anerkennung, seinen Respekt und seine Liebe bekommen könnte. Bisher hatte ich nicht das Gefühl, dass ich diese Dinge bekam. Ich wollte immer etwas machen, um meinem Vater zu imponieren. Als erstes Lokführer oder Busfahrer, um ihn, da er ja krank war und ich ihn liebte, in die Arbeit fahren zu können, so dass er es nicht so schwer hätte und sich nicht so anstrengen müsste. Außerdem hatten wir zu der Zeit kein Auto. Mein Vater hatte nur so ein Moped, einen Simson Habicht. Das war nicht schlecht, aber was war im Winter oder bei schlechtem Wetter. So wäre er sicher und geschützt in die Arbeit gekommen. Jetzt wollte ich zur Armee. Mein Vater war auch Offizier. Fünf Jahre war er als Grenzsoldat an der sächsisch-thüringischen Grenze zu Westdeutschland stationiert, ehe er aus gesundheitlichen Gründen und wegen nervlicher und körperlicher Erschöpfung, nach einem Giftanschlag mit Psychopharmaka auf ihn, vermutlich durch die Stasi, entlassen wurde. Ironischer Weise, war zur gleichen Zeit, am gleichen Grenzabschnitt, sein Cousin auf der westlichen Seite stationiert. Ja wenn das mal kein Zufall war. Ich glaube, die wussten ganz genau wo sie ihn stationierten oder hin versetzten. Auf jeden Fall, versuchte ich ihm nun wieder einmal zu gefallen und stellte den Respekt und die Anerkennung, welche ich mir erhoffte von ihm zu erlangen, über das was mein Herz eigentlich wollte. Irgendwie kam es mir vor, als würde das sogar ein bisschen funktionieren. Er nahm sich etwas Zeit für mich, setzte sich mit mir zusammen und plauderte mit mir ein wenig über seine Armeezeit und hörte mir interessiert zu, was ich ihm von dem Beratungsgespräch zu erzählen hatte und was ich ihm noch so aus den Werbeunterlagen so vorlas. Dann erklärte ich ihm für welche Richtung und welchen Bildungs- und Karriereweg ich mich entschieden hatte und es kam zu einem völlig entspannten Gespräch auf Augenhöhe. Das erste Mal hatte ich das Gefühl, so etwas wie Achtung von meinem Vater mir gegenüber zu spüren. Zum ersten Mal fühlte ich mich nicht wie ein minderwertiger Mensch, sondern so etwas wie wertgeschätzt. Das machte mich schon irgendwie stolz und holte so etwas wie Glücksgefühle aus mir hervor und wiederum auch ein kleines bisschen Zuneigung meinem Vater gegenüber. Es war mal ein Tag, der nicht unglücklich, erniedrigend oder schmerzhaft verlief. An diesem Tag brauchte ich nicht Depeche Mode zu meiner Wut- und Frustbewältigung oder als Schmerzmittel oder Hoffnung- und Trostspender. Diesmal gab es Depeche Mode zur Freude des Tages, vor Glück und Zufriedenheit. Ich merkte auch dafür war die Musik von meiner Lieblingsband hervorragend geeignet. Wenige Tage später, bekam ich schon Post von einem Bewerberkomitee. Mir wurde freudig mitgeteilt, dass ich als Kandidat in das Bewerberkollektiv für eine Militärische Ausbildung aufgenommen wurde. Ich dachte mir das ging ja schnelle. Ab da an bekam ich da regelmäßig Post mit Werbe- und Bewerbungsunterlagen. Einladungen zu verschiedenen Veranstaltungen, militärischen Vor- und Eignungsuntersuchungen und Test. Das war so eine

Art Musterung, ob man überhaupt geeignet war, für was man sich bewerben wollte. Mein Weg zur Armee schien geebnet und schon fast wie in Stein gemeißelt. Meine Schule war informiert, inklusive Schuldirektor und Klassenleiterin. Nach meinem zehnjährigen

Schulbesuch sollte ich auf die EOS. Das war so etwas wie das Gymnasium in der DDR. Danach sollte ich die Ausbildung und Offiziersschule absolvieren und anschließend als fertiger Leutnant und Maschinenschlosser meine Kariere gestalten. Es kam aber etwas dazwischen. Die Stasi. Das MfS hatte mitbekommen, dass da ein junger Mann war, der gerne Offizier werden wollte. Es begann so etwas wie ein Wettwerben um mich. Sie luden mich zu ähnlichen Veranstaltungen und zu einer Reise ein, um mich kennen zu lernen und um mir das Spion- und Agentendasein schmackhaft zu machen. Hey welcher junge Mann hatte denn nicht schon einmal geträumt, wie James Bond ein geheimnisvolles und abenteuerreiches Leben zu führen. Außerdem kam mir das Werben der Stasi ganz recht. Ich schmiedete den Plan, falls ich eine Kariere beim Ministerium für Staatssicherheit antreten sollte, wollte ich irgendwie herausfinden wie und warum sie meinem Vater etwas antuen wollten. Wie und warum es zu diesem vermeintlichen Nervengiftanschlag kam. Was war der Anlass, was war der Grund und wie lief das ab. Klar wusste ich nicht, in welche Gefahr ich mich begeben hätte, falls es so gekommen wäre. Aber, es kam ja zum Glück nicht dazu.

Wir waren eine nicht so wohlhabende Familie und konnten nicht gerade große Sprünge machen. So mussten wir Kinder selbst irgendwie dafür sorgen, um unser Taschengeld aufzubessern. Eventuelle Führerscheine, Kassettenrecorder oder Mopeds und so weiter, waren Dinge um die wir uns selber kümmern mussten. So war das auch bei mir. Ich schuftete, seit ich im dementsprechenden Alter war, voller Ehrgeiz in den Schulferien, in diversen Ferienjobs bei meinen Eltern in ihren Firmen, wo sie auch arbeiteten. Es waren für Kinder in unserem Alter ziemlich gut bezahlte Jobs. Mit dem Geld, was ich dabei verdiente und mit dem Geld was ich bei meiner Jugendweihe bekam, finanzierte auch ich mir einen SKR 701, das war ein Stereo-Kassetten-Rekorder der DDR Marke

Sternradio, den Mopedführerschein, auf dem Schwarzmarkt weiße Levis-Jeanshosen und Dr.Marten´s Schuhe sowie eine schwarze Nietenlederjacke, um stylisch in etwa so auszusehen wie mein Idol Dave Gahan, der Sänger von Depeche Mode. Es sprang sogar ab und zu noch etwas Geld für einen Discobesuch heraus. Dort gab es natürlich jede Menge Depeche Mode und Gleichgesinnte. Es war so nicht ganz so schwer neue Bekanntschaften zu schließen. Man erkannte sich am Look, am Style und daran, dass man bei der Musik von Depeche Mode die Tanzfläche stürmte und sich im Takt und im Rhythmus zu unseren Lieblingsliedern fallen ließ, um zu träumen, schmerz zu verarbeiten, tanzend völlig auszuflippen um mal abzuschalten oder einfach nur um die geile Mucke zu genießen. Dort war aber auch nicht immer ein Ort trauter Gemeinschaft. Auch hier bekam ich oft von älteren auf die Fresse. Sie Nannten mich "Lenin", "Arschloch", schwules Depeche- Mode- Schwein" oder Kommunistensau. Manche taten das, weil sie mich hassten obwohl sie mich gar nicht kannten, manche weil sie Nazis waren, manche waren gar nichts von beiden, sondern einfach nur böse oder Arschlöcher. Mit einigen versuchte ich durch das Ausgeben eines Bieres, ins Gespräch zu kommen, um eventuelle Missverständnisse auszuräumen. Meistens ohne wirklich richtigen Erfolg. Wenn eine Horde Nazis das Klubhaus oder das Speisehaus oder die Stadthalle stürmten, half auch kein Bier mehr, sondern nur noch die Flucht. Wenn man da unverletzt rauskam, war es ein guter Abend. Es war auch öfters ein guter Abend, weil es auch nicht immer zu solchen Szenen kam. Weil es auch unzählige friedliche und einfach schöne Abende gab. Es war ein bisschen komisch, denn in den kurzen Momenten in der Disco, lernte ich einige Schulkameraden besser kennen, als wie in den vielen gemeinsamen Stunden im Unterricht und in der Schule. Irgendwann lernte ich so auch die sogenannten schönen Seiten des Jugenddaseins kennen. Das kostete natürlich Geld und mein Taschengeld war nicht gerade üppig und die Ferienarbeit war nur zweimal im Jahr. Ich begab mich also auf die Suche nach einem Job, wo ich regelmäßig Geld verdiente. Nach längerer Suche erfuhr ich von einer Putztätigkeit in einer Fleischerei. Auch ich konnte mir denken, dass das bestimmt kein einfacher Job werden würde, aber ich versuchte mein Glück. Ich dachte, es wäre besser irgendeine, egal wie schwere Arbeit als wie überhaupt gar keine Arbeit zu haben. Ich fasste all meinen Mut zusammen und ging zu der Fleischerei und stellte mich ihnen vor. Die Fleischerei hieß Fleischerei Mittenzwei. Es war, mit die bekannteste Fleischerei zu der damaligen Zeit im Ort. Sie war bekannt dafür, dass sie damals so ziemlich die qualitativ und geschmacklich beste Wurst im Ort machte. Als ich dort ankam, begegnete ich einer freundlichen Frau mit kurzen, blonden, lockigen Haaren die sehr nett zu sein schien. Es war die Chefin. Dann war da noch ein schwarzhaariger Mann in einer Fleischerbluse mit einem weißen Käppi auf dem Kopf, der Fleischermeister. Der Mann war etwas kleiner, machte aber trotzdem einen robusten Eindruck. Er hatte eine leichte Bierfahne, wirkte etwas mürrischer und ein bisschen genervt. Man merkte sichtlich, dass solche Gespräche nicht unbedingt gerade seine Lieblingsaufgaben waren. Ihm war es wichtiger was man konnte, ob man fleißig war und tüchtig und das man zupacken konnte. Auf Worte gab er nicht viel. Er wollte sehen ob jemand was taugt und arbeiten kann, dann konnte man ihn überzeugen. Das fand ich gar nicht mal so unsympathisch. Ich konnte die anfängliche Skepsis schon irgendwie verstehen. Ich war ein bisschen zu mager fürs Metzgerhandwerk, um nicht zu sagen regelrecht dünn. Was man mir nicht ansah, ich war relativ drahtig und durchtrainiert, hatte Ausdauer, einen unbändigen Willen und ich konnte jede Menge ertragen, weil hart war mein Leben zu hause auch. Er gab mir eine Fleischerbluse, ein Käppi, ein paar passende Gummistiefel und eine wasserundurchlässige Kunststoffschürze. Dann ging er mit mir eine Etage tiefer in die Fleischereiwerkstatt. Sie war unterteilt in mehrere Bereiche. Nach dem Wurstschlachthaus mit Gewürzkeller, wo dem Namen nach, die

Wurst produziert wurde, folgte der Kesselraum mit drei Kochkesseln und einem oder zwei Kaltwasserkühlbecken. Nach links um die Ecke folgte ein Durchgang wo jede Menge Schüsseln und Behältnisse, die zur Produktion notwendig waren, lagerten. Dann kam ein weiterer Raum. Es war der Zerlege Raum. Hier wurden Hauptsächlich die gelieferten Tierkörper grob und fein für die Fleisch und Wurstproduktion zerlegt. Rechts abgewinkelt war das große Fleischkühlhaus und rechts daneben eine schmale Treppe hinunter in ein Gewölbe. Dort war der Darmkeller. Links ging es in den Innenhof wo sich die benutzten und verschmutzten Fleischereigefäße stapelten. Am Ende des Innenhofes links befand sich neben dem Kohle-, Holz- auch noch das Sägespäne Lager. Nach unserem Rundgang fragte er mich ob ich mir das wirklich richtig überlegt hatte. Er wollte sich auf mein Wort verlassen und falls ich mich dagegen entscheiden sollte, dann sollte ich es jetzt sagen. Ich wollte den Job. Dann meinte er, dass ich gleich anfangen könne. Er zeigte mir wo ich das heiße Wasser herbekam, wieviel Putzmittel ich verwenden sollte und zeigte mir an zwei, drei Teilen wie ich es sauber zu machen hatte. Dann meinte er, dass ich jetzt dran wäre. Ich sollte loslegen und mich erst wieder bei ihm melden, wenn ich fertig war. Das konnte dauern, denn da war ein unüberschaubarer Berg verschmutzter Behälter und Schüsseln. Puh, da hatte ich mich ja auf was eingelassen. Ich fing an zu schruppen, strengte mich echt an. Ich schwitzte wie Sau und war schon nach der ersten neun Kilogramm schweren Schüssel fix und fertig und außer Atem. Er sah mir noch kurz zu, grinste etwas verschmitzt und sagte das ich fester aufdrücken solle und schneller machen solle sonst wird das nichts. Natürlich lies es mein Stolz nicht zu, ihm zu zeigen, dass ich schon nach der ersten Schüssel komplett am Ende war. Ich biss die Zähne zusammen und zeigte ihm, dass ich Eier und Ausdauer hatte. Ich wütete regelrecht, gab echt alles und schruppte wie ein Berserker die Kisten, Schüsseln und Sonstiges sauber. Nach einem zweieinhalb stündigen Schruppmarathon, ging es in der Fleischerei weiter. Da waren Tische und Tafeln, Maschinen, Fußböden und Wände zu schruppen und zu reinigen. Zum Schluss war der Kessel dran, wo ich mein heißes Wasser herhatte und danach sollte ich riesige Kübel mit Säge- und Hobelspänen, für die zwei Räuchereien, aus dem Lager holen und dort auffüllen, dann noch mal jeweils Kübel als Vorrat holen. Dann sollte ich die Feuerstellen unter den Wurstkesseln leeren und reinigen und anschließend Holz und mehrere Kübel Kohlen holen, damit für den nächsten Tag alles vorbereitet war. So vergingen nochmals zweieinhalb Stunden bis ich dann endlich fertig war. Ich ging eine Etage höher und meldete mich beim Meister. Er war ein kleines bisschen angefressen, weil es so lange gedauert hatte. Dann ging er mit mir gemeinsam wieder runter in die Werkstatt und schaute sich alles an. " Ja Kleiner, ist soweit ok. Hätte ich jetzt nicht gedacht. So, wie siehts jetzt aus? Du siehst die Arbeit ist kein Zuckerschlecken. Willst du die Arbeit immer noch?". Ich bejahte. Erstaunt registrierte er es mit einem OK und fragte mich wie oft ich kommen möchte und er meinte, dass es an zwei Tagen die Woche, dienstags und freitags am praktischsten für ihn sei, da da am meisten zu putzen sei. Ich bestätigte ihm, dass das für passen würde. Dann gaben wir uns die Hand. Er sagte noch, dass er sich auf meinen Handschlag verlässt, weil das wohl Ehrenmänner so tun würden. Dann verabschiedeten wir uns. Er sagte: " Hey Kleiner, warte mal.". Er hatte ein Papierpaket in der Hand, gab es mir und drückte ein bisschen versteckt, mir noch zehn Mark in die Hand. Ich bedankte mich bei ihm und sagte ihm das wir uns also am Dienstag wiedersehen würden, was er dann bejahte. Dann ging ich voller Stolz, mit zehn Mark in der Tasche und einem Fleisch- und Wurstpaket, von dem sich unsere Familie wahrscheinlich eine ganze Woche ernähren konnte, nach Hause. Zu Hause angekommen, präsentierte ich meinen Eltern stolz und freudig meinen ersten Lohn. Sie waren begeistert und meinten zu mir, dass das doch der absolute Wahnsinn sei und ich sollte das doch unbedingt weiter machen. Klar wollte ich das weitermachen, denn so viel Wertschätzung und gönnerhafte Anerkennung hatte ich bis dahin noch nicht erfahren. Er sagte außerdem, dass bis auf die Geschwindigkeit, ich meine Arbeit ganz gut erledigt hätte. Ein Lob war auch etwas Seltenes in meinem Leben, deshalb freute ich mich eigentlich am meisten auf diesen Nebenjob. Ich ging von nun an regelmäßig zum Putzen in diese Fleischerei, manchmal sogar drei oder vier Mal die Woche. Er honorierte es jedes Mal am Ende der Woche mit zwanzig Mark und einem anständigen Fleisch- und Wurstpaket. Manchmal, wenn ich eine größere Menge Würstchen bekam, nahm ich sie mit in die Schule. Dort hatte sich schon in der Klasse rumgesprochen, das der Richter jetzt beim Mittenzwei arbeitet, der so gute Wurst macht. Meine Klasse stürzte sich dann auf die Würstchen und wir aßen alles auf. Ich genoss diese staunende Wertschätzung und Anerkennung meiner Klassenkameraden. Eines Tages las meine Mutter eine Anzeige in der Zeitung worin stand, dass die Fleischerei wo ich putzte, einen tüchtigen Fleischergesellen oder Lehrling suchte. Sie Sagte: " Mensch Marco, des wäre doch was für dich. Du putzt doch sowieso schon dort. Dann lernst du was. Fleischer werden immer benötigt und Fleisch und Wurst wird immer gebraucht also ist deine Arbeit immer sicher. Außerdem lernst du da endlich mal gescheit zu essen und die Fleischer sind alle reich. Mensch frag doch mal ob du dort bei denen Lehrling werden könntest." Ich sagte so ein bisschen im Scherz: " Ja, klar mach ich.". Mein Vater hörte das Gespräch zwar mit an, sagte aber am Ende nichts dazu. Als ich am nächsten Tag von der Schule heimkam, staunte ich nicht schlecht, denn mein Vater war schon da. Er ist extra eher von der Arbeit heimgekommen um mit mir zum Mittenzwei zu gehen und um mich dort für die

Fleischerlehrlingsstelle zu bewerben. Ich meinte zu ihm, dass ich es doch nur so zum Scherz gesagt hätte. Ich wollte doch Lokführer, Busfahrer, Offizier oder Spion werden. Er sagte zu mir, dass man bei so einem Thema keine Scherze macht und dass ich nie wissen könne, was einmal kommt. Handwerk habe goldenen Boden. Er fragte noch ob ich lieber auf der Straße leben wolle oder einen anständigen Job, der geachtet ist und ich solle mir das überlegen. Fünf Minuten später fragte er mich was jetzt nun sei und er wäre extra eher heimgekommen. Ein kleines bisschen missmutig und wiederwillig, in dem Wissen, dass es ein harter Job werden würde, sagte ich dann ja. Wir gingen dorthin. Dort angekommen stellte sich mein Vater beim Meister vor und teilte ihm in meinem Namen mit, warum er heute mit da war. Herr Mittenzwei sagte zu mir, ich solle derweil mich umziehen und meine Arbeit machen, weil er etwas mit meinem Vater zu besprechen hätte. Dies tat ich dann auch. Als ich dann nach ca. zwei Stunden fertig war, meldete ich mich wieder bei meinem Chef. Herr Mittenzwei und mein Vater hatten in der Zwischenzeit, in einem intensiven, längeren aber trotzdem lockeren Gespräch, bei einer Flasche Bier, meinen Lehrvertrag ausgehandelt. Was die da alles genau besprochen haben, hatte ich nie erfahren, nur das ich diesen Ausbildungsvertrag unterschreiben sollte. Das tat ich dann auch. Wir verabschiedeten uns alle mit einem Handschlag und ich verabschiedete mich innerlich von der Vorstellung ein Lokführer, Busfahrer, Offizier oder Spion zu werden. Mein zukünftiger Lehrmeister meinte dann noch zu mir, dass ich doch einen sehr anständigen Vater hätte. Er sehe zwar aus wie Lenin aber er wäre ok. Ach das er Parteisekretär sei, würde ihn nicht stören und nicht interessieren. Es würde aber auch keine Vorteile aber auch keine Nachteile bringen. So ging dieser Tag zu Ende, genau wie erst einmal mein Traum: Lokführer, Busfahrer, Offizier oder Spion zu werden.

9. Lehrjahre sind keine Herrenjahre....

Es kam das Jahr 1989. Die Mauer fiel. Die Zeiten waren turbulent. Ich war ein fünfzehnjähriger Jugendlicher, der zwar eine Lehrstelle hatte, aber trotzdem sich Gedanken machte. Wie sollte es jetzt wohl weitergehen? Man hatte uns doch jahrelang eingetrichtert, dass es im Kapitalismus nur Arbeitslose gibt, dass es keine Lehrstellen gibt, dass es, bis auf ein paar wenige reiche Kapitalisten, nur arme Arbeiter gibt, welche auf brutalste Art und Weise ausgebeutet werden. Wo das

Gesundheitssystem, das Schulsystem und so weiter schlecht, aber für den einzelnen Bürger teuer ist. Man war frei, aber was nützte einem die Reisefreiheit, wenn man diese sich nicht leisten konnte. Alle dies und sonstige Ängste, die ein Jugendlicher so noch zusätzlich haben kann, hatte ich auch. Ich gab mir in meinem letzten Jahr in der Schule noch einmal richtig Mühe. Ich machte meinen

Realschulabschluss mit zwei und blickte trotz vermeintlich ungewisser Zukunft, ziemlich entspannt und zuversichtlich nach vorne. Ich hatte ja schon eine Lehrstelle sicher und wie meine Mutter schon sagte, Fleischer und Essen werden immer gebraucht. Das war aber nicht der eigentliche Grund warum ich zuversichtlich in die Zukunft schaute. Es gab ein für mich freudiges Ereignis. Die Grenze war zwar schon offen, wir aber waren noch kein geeintes Deutschland und niemand wusste zu der damaligen Zeit in welche Richtung sich alles entwickeln würde. Dann ist das passiert, was meine Ketten sprengte, welche um mein Herz geschnürt waren. Dann ist das passiert, was meinen Käfig, in dem ich mich gefangen sah, öffnete. Mein Vater hatte den Mut und ging das Risiko ein, im Westen sich um Arbeit zu bemühen, was ihm Gott sei Dank auch gelang. Er war weg. Plötzlich schnürte sich meine Kehle vor Angst nicht mehr zu, wenn ich heimkam. Plötzlich war ich frei, ja, plötzlich war ich frei. Ich weiß gar nicht mehr ob ich Freudensprünge machte oder meine Freiheit laut herausschrie. Der Tag an dem ich das erfuhr, war bis dahin wohl der glücklichste Tag in meinem Leben. Ich war wirklich außer mir vor Freude. Ich weiß nicht ob mein Vater auch irgendwelche Ketten hatte, die er in dieser Situation von sich sprengte, aber die Geschehnisse dieser Zeit veränderten ihn. Er war wie verwandelt, wie ausgewechselt. Sein ganzes Wesen schien wie um einhundertachtzig Grad gedreht. Er nahm auch meinen Bruder mit zu sich. Dieser ging in München, wo mein Vater eine Arbeit fand, zur Schule. Mein Vater pendelte immer hin und her und war nur ab und zu mal an den Wochenenden da. Er suchte nebenbei eine Wohnung in der Umgebung von München, die von der Entfernung zu seiner Arbeit und vom Preis her passte, um dort leben zu können, selbst wenn meine Mutter dort keine Arbeit finden würde. Mein Vater war ein anderer Mensch geworden. Er war seitdem sehr respektvoll mit mir, fast schon freundschaftlich, nett und so etwas wie fürsorglich. Aber es war ehrlich. Ich nahm ihn das voll ab. Er versuchte sich so gut wie möglich zu kümmern, in so einer durchaus ungewissen Zeit. Er fragte mich ob ich denn nicht auch mit wolle in den Westen. Ich würde dort, und gerade in München und Umgebung, als Metzger bestimmt eine Arbeit oder Lehrstelle finden. Bayern war ja bekannt für die vielen und guten Metzgereien. Aber ich wollte nicht. Gerade hatte ich eine Lehrstelle gefunden, gerade lief es in der Schule besser, gerade verstand ich mich, auch der Umstände halber, besser mit meinen Klassenkameraden und gerade hatte ich meine Freiheit von meinem Vater erlangt, auch wenn er sich seither sehr bemühte anders zu sein, was er seitdem auch unbestritten war. Aber ich hatte die Befürchtung, wenn wir wieder unter einem Dach wohnen, würde wieder alles genauso wie vorher sein. Ich wollt mit Sicherheit nicht dahin. Hier ging es mir gut. Mich erstaunte zu dem, dass mein Vater mich überhaupt fragte. Er hatte mich noch nie nach meiner Meinung gefragt, sondern einfach nur immer bestimmt. Dass er mich ausgerechnet jetzt nach meiner

Meinung fragte, gerade bei einer so schwerwiegenden und Schicksal bestimmenden Entscheidung, zumal ich ja noch nicht einmal volljährig war, hatte mich schon positiv überrascht und etwas verblüfft. Er hätte es nicht machen müssen, mich um meine Meinung fragen. Er hätte es ganz einfach bestimmen können, so wie er es sonst auch gemacht hatte und es wäre nicht nur rechtlich dabei richtig gewesen, es hätte wahrscheinlich auch jeder verstanden und ihm dazu geraten. Aber ich wollte nicht. Das machte ich ihm auch klar. Ich wollte hierbleiben. Hier fühlte ich mich sicher, sicher in Arbeit zu sein, sicher Freunde zu haben, sicher meinen eigenen Weg zu gehen und vor allem, sicher vor ihm. Auch wenn sich seitdem unser Verhältnis gebessert hatte. Ich traute zu der Zeit dem Frieden noch nicht. Vielleicht wäre es ja wirklich besser gewesen für mich, aber hinterher kann man ja immer sagen: " Ach hätte ich doch nur...". So, habe ich aber nicht. Ich habe mich für diesen Weg entschieden. Meine Eltern haben mich in der Zeit, dann mega unterstützt. Sie zahlten mir in meiner Lehrzeit die Miete für unsere alte Wohnung, wo ich erstmal noch wohnen blieb, bis ich etwas Eigenes fand. Auch traf ich zu der Zeit, mit der neu gewonnenen Freiheit, oft zum Teil falsche oder äußerst zweifelhafte finanzielle Entscheidungen und sie halfen mir so einige Male aus der Patsche und retteten mir den Arsch oder mich vor dem Ruin. Dafür und dafür, dass ich zu der Zeit, die Freiheit und das Recht eingeräumt bekam meinen eigenen Weg zu gehen, war ich ihnen bis heute dankbar und ich habe das auch nie vergessen, egal wie gut oder schlecht unser Verhältnis vorher war. Meine Eltern respektierten und akzeptierten meinen Willen und ließen mich zurück. Selbstverständlich hatten auch sie Zweifel darüber, ob das richtig sei, aber sie akzeptierten es, und jetzt im Nachhinein kann man es ja sowieso nicht mehr ändern. Aber nun hieß es, die Ärmel hochkrempeln. Es gab für jeden von uns jetzt eine Menge zu tun, um sein Leben in die richtigen Bahnen zu lenken, so auch für mich.

Ich hatte eine harte Lehre vor mir und musste doch irgendwie alleine klarkommen. Meine Eltern zahlten mir zwar während der Lehrzeit die Miete, ich hätte auch nicht gewusst, wie ich das hätte sonst schaffen sollen, aber es war trotzdem ziemlich hart für mich, auch finanziell. Ich bekam im ersten halben Lehrjahr fünfundachtzig Mark, im Monat. Das war gerade mal so viel, wie ich zuvor beim Putzen der Fleischerei verdiente und jetzt war ich da in Vollzeit beschäftigt als Lehrling. Das war schon ein bisschen wenig, aber da musste ich jetzt nun mal durch. Ich ackerte wie ein Vieh und gab wirklich mein Bestes. Aber so richtig warm wurde ich mit meinem damaligen Chef nicht. Er hatte einen Angestellten zu der Zeit, seinen Schwager. Er hieß Wolfgang. E war so circa zehn Jahre älter wie ich. Er wirkte jung und frisch und sprudelte nur so vor Ideen und hatte den Plan bald seine eigene Fleischerei zu eröffnen. Auch sah er, dass ich hier wirklich mein Bestes gab, mich anstrengte und in meinem Beruf angekommen war und ja auch, trotz aller widrigen Umstände, mit Leib und Seele dabei war. Er überzeugte mich, wenn er sein Geschäft aufbauen würde, meine Lehre bei ihm zu beenden und später als Geselle weiter bei ihm zu arbeiten. Nach anfänglicher Unentschlossenheit, sagte ich ihm zu, dass ich dabei wäre, denn so richtig wohl fühlte ich mich nie bei den Mittenzweis, obwohl sie sich bestimmt Mühe gegeben haben. Aber die Umstände damals ließen es einfach nicht so richtig zu. Wolfgang hat als erstes aufgehört dort zu arbeiten und wollte derweil Vorbereitungen treffen für sein Geschäft. In der Zwischenzeit gab ich bei meinem Meister mein Bestes und versuchte so viel wie möglich mir anzueignen, um gut gerüstet zu sein bei meinem Lehrstellenwechsel, damit ich auch alles schaffe. Dann stellte mein Meister einen neuen Gesellen ein. Er hieß mit Spitznamen Jopi. Warum weiß ich nicht. Er sah auch mehr nach einem Metzger aus. Er hatte rotblonde Haare, war groß und kräftig. Er war ein sehr fleißiger, ruhiger, gutmütiger und loyaler Mann. Er machte immer stets das, was ihm sein Meister sagte. Eines Tages, es war ein Montag, da trug es sich zu, dass als unsere Fleischlieferung kam, der

Meister mit den Worten: " Schafft mal das Fleisch hinter ins Kühlhaus und macht alles sauber und dann seht zu, dass ihr zum Tempel
naus kommt. Avanti popolo!". Avanti popolo ist italienisch und
bedeutet soviel wie: "Vorwärts Leute, beeilt euch, macht hinne!".
Jopi hörte natürlich brav, auf das was sein Chef ihm aufgetragen
wurde und begann die Fleischteile ins Kühlhaus zu transportieren.
Ich sah die Situation sofort, ich war ja schon länger da wie der Jopi
und er wusste bis zu dem Zeitpunkt noch nicht, wie das so ablief
in solchen Situationen bei uns. Unserem Chef fiel es damals
schwer, die ganzen Umstände irgendwie zu verarbeiten. Das System in dem wir lebten, hatte sich geändert und somit auch die Situation am Markt. Es gab jetzt plötzlich Preiskampf, weil diese
durch die DDR nicht mehr festgeschrieben waren, weil diese DDR
sich gerade auflöste. Deshalb entschieden sich auch Kunden zur
durchaus billigeren Konkurrenz zu gehen und schauten teilweise
nicht mehr so sehr auf die Qualität, welche beim Mittenzwei immer ohne Zweifel, ausgesprochen gut war. Dann verließ ihn sein
bester Mittarbeiter, der Wolfgang, ein richtig, richtig guter Fleischer, der mit Ambitionen, hier in der Stadt, sein eigenes Geschäft
aufbauen wollte und somit zum geschäftlich schärfsten Konkur-
renten wurde. Vielleicht kamen ja auch noch private Probleme
hinzu, dass wusste ich nicht und ging mich auch nichts an, aber
scheinbar hatte das alles meinem Meister so zugesetzt, dass er es
nicht so recht ertragen oder besser gesagt verkraften konnte wie
sich alles und somit auch seine Situation entwickelte und verän-
derte. Er hatte sichtbar, an diesem frühen Nachmittag, vermutlich
aus diesen eventuell nachvollziehbaren Gründen, etwas getrunken.
Deshalb hatte er wohl ein bisschen die Lust an der Arbeit und vielleicht auch seinem Leben, wie sich später noch herausstellte, verloren. Da ich die Umstände ziemlich schnell erkannte, stoppte ich
Jopi, der sich schon auf einen zeitigen Feierabend freute, da ja das
Saubermachen am Ende des Tages immer mein Aufgabenbereich
war. Ich erklärte ihm, und das obwohl ich nur der Lehrling war,

der sich gerade einmal im ersten Lehrjahr befand und er der Geselle war, dass wir das nicht so machen konnten. Wir müssten die Fleischteile noch zerlegen und soweit bearbeiten, dass am nächsten Tag, Dienstag früh, alles bereit und fertig war zur Wurstproduktion, und dass genügend Fleischteile zum Verkauf für den Laden zur Verfügung standen. Dann sagte ich ihm, dass es unserm

Chef nicht gut ginge und er, weil er Schmerzen hatte, nach oben ging und sich hinlegte und

Feierabend machte. Aber wir müssten das jetzt alles noch für den morgigen Tag vorbereiten. Es gefiel ihm sichtlich zwar nicht so richtig und er sagte der Meister hatte es ihm aber so angeschafft, doch auch er realisierte dann nach einem kurzen Zögern, das ich recht hatte und wir das dann auch so tun sollten wie ich ihm sagte. Er zerlegte dann die Rinderviertel und richtete das Rindfleisch für die Produktion und den Ladenverkauf her, das konnte ich ja noch nicht und ich tat das gleich mit den Schweinehälften. So hatten wir etwas richtig gutes getan, erstens für den nächsten Tag das Geschäft am Laufen gehalten und zweitens uns in der Früh den Ärger mit der Chefin erspart, weil kein Fleisch für den Laden da gewesen wäre und die Wurstproduktion hätte auch erst später stattfinden können, weil ja noch nichts vorbereitet gewesen wäre. Jopi ging danach heim und ich machte noch alles sauber und bereitete wie immer die Kessel und die Räuchereien für den nächsten Tag vor. Leider lief das dann öfters so ab und ich wollte für mich an dieser Situation für mich etwas ändern. Aber irgendwie tat mir mein Meister auch ein bisschen leid und ich fühlte mich ihm gegenüber ja auch ein bisschen verpflichtet. Nicht nur zum Dank, nein ich hatte ihm ja meinen Handschlag gegeben und somit und mit meinem Ausbildungsvertrag einen Kontakt geschlossen, den es einzuhalten galt. Ich sah aber, dass dies nicht so weiter gehen konnte und ich begann mir Sorgen um meine Ausbildung und spätere Arbeitsstelle zu machen und somit teilte ich das Wolfgang mit und bekräftigte noch einmal, gerne bei ihm meine Lehre weiterzuführen. Er sagte mir, dass das ok wäre, ich es aber erst meinem derzeitigen Arbeitgeber und Ausbilder mitteilen sollte. Dies tat ich dann am nächsten Tag. Er war sichtlich schon etwas traurig darüber und dann im Anschluss, verständlicher Weise, auch ein bisschen wütend und sagte mir, dass ich doch am liebsten gleich verschwinden solle und aus mir würde doch eh nie ein richtiger Fleischer. Ich verbrachte den Arbeitstag, sichtlich unwohl noch Bei der Firma Mittenzwei. Frau Mittenzwei, welche übrigens die Schwester meines neuen Chefs war, versuchte mich noch im Gespräch umzustimmen, aber die wütenden Kommentare stärkten mich in meiner Entscheidung die Firma zu verlassen und bei Wolfgang meine Ausbildung abzuschließen. Mit Tränen in den Augen, trotz aller Umstände, verlies ich die Firma. Sie waren in der Zeit aber trotzdem meistens sehr fair zu mir und hatten mich, obwohl sie es mir anfänglich nicht zutrauten, bis dahin ziemlich gut ausgebildet und auch gut behandelt. Aber leider sind wir nie so richtig warm geworden miteinander. Noch am selben Abend ging ich zu Wolfgang und erzählte ihm wie der Tag und das Gespräch verlaufen war und ich nicht wüsste, was ich jetzt machen sollte. Außerdem schämte ich mich ein bisschen und hatte ein schlechtes Gewissen, weil es mir so vorkam, dass ich die Firma, welche mir meine erste Chance auf eine Ausbildung bot, im Stich gelassen hätte. Wolfgang dachte kurz nach und sagte mir, dass ich ab sofort bei ihm weiter machen könnte und das, obwohl sein Geschäft noch gar nicht fertig war. Er befand sich noch mitten in der Umbau- und Renovierungsphase und erzielte selber noch keinerlei Einkommen, wollte mich aber trotzdem schon anstellen und bezahlen. Bis zur Geschäftseröffnung solle ich ihm, bei den beim Umbau anfallenden Arbeiten helfen. So würde ich etwas über Maschinenkunde kennen lernen und uns würde das als Team fester zusammenschweißen. Ich schöpfte nun wieder Hoffnung und ging dann nicht mehr ganz so traurig nach Hause. Am nächsten Morgen sollte ich dann um acht Uhr bei ihm sein, was ich auch war. Wolfgang sagte mir, dass er eine Etage höher sei und ich erstmal hochkommen solle. Also ging ich nach oben. dort angekommen, stand eine Tür zu einer kleinen Küche offen. Ich hörte, wie sich mehrere fremde Stimmen unterhielten. Es machte alles einen ruhigen und entspannten Eindruck und nicht so nervös, hektisch und schroff, wie ich es bei den Mittenzweis gewohnt war. Das gefiel mir und meine anfängliche Angst verflog ziemlich schnell. Dann hörte ich Wolfgang rufen " Richterlein, wo bleibst du denn? Komm rein und hock dich hin. Wir frühstücken erstmal. Du hast doch bestimmt noch nichts gegessen und noch keinen Kaffee gehabt." Das stimmte sogar. Zögerlich und fast schon ein bisschen ängstlich, betrat ich den Raum. Es war eine ziemlich kleine Küche. Es roch nach frischen Bäckersemmeln. Das lag wohl daran, dass eine Menge davon auf dem Tisch waren sowie Allerlei, was man so zu einem Frühstück benötigte. Und Mohnzöpfe. Ich liebte Mohnzöpfe und beim Mittenzwei hatte es die nie gegeben. Im Raum saßen außer Wolfgang noch zwei ältere und drei jüngere Frauen, sowie noch ein junger Mann. Wolfgang sagte mir, dass ich mich hinsetzen solle. Der Raum schien so schon überfüllt und ich wusste nicht wie das funktionieren sollte, aber wir bekamen das irgendwie hin. Dann stellte er mich ihnen und umgekehrt vor. Die zwei älteren Damen waren seine Mutter und Frau Walter, eine Nachbarin, welche über dem Fischladen nebenan wohnte und meinen neuen Chef wahrscheinlich schon seit seiner Geburt an, kannte. Die drei jüngeren Damen waren seine Freundin und zwei zukünftige Verkäuferinnen, mit denen sich mein Chef, ganz ungezwungen und locker, zum Frühstück und einer eventuellen Arbeitsvertragsunterzeichnung. Der junge Mann, der da noch war, war ein alter Freund von Wolfgang, welchen er schon seit der gemeinsamen Schulzeit kannte und der ihm half bei den Umbau- und Renovierungsarbeiten. Er war gelernter Elektriker, das war eigentlich ganz praktisch, weil es gab viele alte Stromleitungen, die neu verlegt werden und auf neue Kraftsteckdosen, zwecks neuer Maschinen, umgerüstet werden mussten. Außerdem war der vorhandene Maschinenpark schon sehr in die Jahre gekommen und musste zum Teil generalüberholt und wieder für die Produktion tauglich gemacht werden, da war es ganz praktisch, wenn ein Elektriker im Freundeskreis war. Sie waren alle sehr nett zu mir und begrüßten mich mit einem Lächeln. Nach dem gemeinsamen Frühstück und der Vorstellungsrunde, gingen wir runter in die zukünftige Fleischereiwerkstatt. Dort angekommen, es hatte irgendwie einen gewölbeartigen Charakter. Gleich zu Anfang war ein kleiner Kesselraum, durch den es gerade aus in den Innenhof ging. Auf der rechten Seite ging es in die Produktionsräume welche unter anderem, sehr umweltschonend durch zwei Oberlichter mit beleuchtet wurden. Weiter rechts waren zukünftige Kühlräume und ein Durchgang zum zukünftigen Ladenraum. Er machte einen geräumigen und hellen Eindruck. Es sah so aus, als hätten wir noch eine Menge Arbeit vor uns. So war es dann auch. Nach wochenlangen Renovierungsarbeiten war es dann im Herbst des Jahres 1991 soweit. Wir eröffneten. Es hatte sich gelohnt. Aus der Gewölberuine ist ein richtiges kleines Schmuckstück geworden. Auch verspürte ich, zu unseren ganzen, fast schon eingeschworenen, Truppe, so etwas wie ein freundschaftliches Verhältnis. Endlich taten wir auch das, was wir eigentlich tun wollten. Fleischer sein und eine Fleischerei bewirtschaften. Die Kundschaft stand Schlange und kauften erwartungsvoll von unseren netten Verkäuferinnen und der Chefin, dass was der Wolfgang, ich als Lehrling und ein befreundeter Kollege, der schon mit Wolfgangs Vater, in dessen Geschäft gearbeitet hatte und uns oft ab und zu half, in mühevoller Arbeit produzierten. Es kam gut an bei den Kunden, von denen sich noch einige an die gute Qualität des väterlichen Geschäftes erinnert fühlten. So ging das auch über einige Jahre. Wolfgang und ich entwickelten fast so etwas wie ein freundschaftliches Verhältnis. Aber wie das halt nun mal so ist, wenn Angestellter und Chef zu sehr Freund sind, dann geht es meistens nicht auf Dauer gut. Man erwartet einfach voneinander zu viel. Als Chef erwartet man von seinem befreundeten Angestellten, das er mehr leistet für seinen Arbeitsplatz, wie ein normaler Angestellter und als befreundeter Angestellter erwartet man von seinem befreundeten Chef, dass er es einem mehr wertschätzt, wenn man mehr leistet wie normal oder wie andere. Schon während meiner Lehrzeit verbrachte wir den ganzen Tag in der Fleischerei und zwar jeden Tag auch am Samstag und Sonntag. Unter der Woche waren es aber nicht nur die Tage, sondern auch die halben Nächte die wir gemeinsam in der Fleischerei zum Wohle des Geschäftes schufteten. Früh drei Uhr gings los und endete erst spät abends, um nicht zu sagen in der Nacht. Wir waren ja anfangs nur zu zweit, mein Chef und ich. Ich war ja noch ein Lehrling und musste damals schon mehr rackern, wie irgendein Geselle je für alles Geld der Welt gerackert hätte. Montags bis einschließlich sonntags. Am Samstag durfte ich gönnerhaft schon so circa zwischen siebzehn und achtzehn Uhr nach Hause, so dass ich Samstagabend noch in die Disco kam. Manchmal holte mich Petra ab. Sie War eine richtig gute

Freundin und so wie man sich einen besten Freund so nur vorstellen kann. Klar war sie Depeche Mode Fan und sie Mochte Madonna. Ich glaube, sie wollte wie ihr Vorbild, ein bisschen wachrütteln und deshalb provozierte sie die Gesellschaft gerne einmal mit ihrem Aussehen, Auftreten und ihren Ansichten. Sie ließ mutig, sich nicht den Mund verbieten und sagte anders als ich immer ihre

Meinung und dafür stand sie auch ein. Ich war eher das ganze Gegenteil. Manchmal ein richtiger Schisser und Duckmäuser. Man musste mich erst provozieren oder soweit in die Ecke drängen, bis ich wirklich nicht mehr konnte. Sonntags musste ich erst acht Uhr wieder in der Arbeit sein. Nach einem gemeinsamen Frühstück, machten wir uns an die Arbeit die Kochschinken für die kommende Woche zu produzieren. Dann stellte mein Chef die Gewürzmischungen in seinem Gewürzkämmerlein, für die Produktion am Montag, zusammen. Ich sortierte das Produktionsfleisch für die jeweiligen

Wurstsorten, welche wir montags produzieren wollten und stellte verschiedene Salz- und Pökellaken zu Produktion und zur Lagerung zusammen. Wir hatten die ganze Woche eigentlich keine Freizeit und Urlaub auch nur zwei Wochen im Sommer. Klar sagte er mir auch ich müsse nicht immer kommen, aber im nächsten Atemzug sagte er mir wieder, dass ich gerne freiwillig kommen könne und ihm helfen, wenn ich Zeit hätte. Oft dachte ich, dass mal ausruhen geil wäre und mit den anderen Gleichaltrigen abhängen und rumziehen schon wäre. Beziehungen waren für mich auch schwer zu finden, weil ich war ja kaum zu sehen war, ich war ja in der Fleischerei und dorthin verirrte sich ganz selten ein Mädchen. Falls ich doch einmal in meiner geringen Freizeit jemand kennen lernte, kam es oft vor das es schnell wieder vorbei war, weil ich angeblich die Fleischerei in der ich arbeitete, mehr liebte und mit ihr mehr Zeit verbrachte, wie mit meiner neuen Bekanntschaft. So kam es eher selten zu irgendwelchen Liebeleien, und das obwohl es doch das war, wonach ich doch immer suchte, Liebe.

Außerdem konnte ich doch auch nicht einfach so meinen Chef und somit meinen Arbeitsplatz im Stich lassen, vor allem in dem Wissen, das er es ja auch alleine niemals schaffen würde, wenn er nicht vierundzwanzig Stunden arbeiten würde. Außerdem war ich ja quasi allein auf der Arbeitnehmerseite und privat. Meine Eltern konnten sich ja kaum um meine Belange kümmern, da es ihre berufliche und wohnliche Situation kaum zu lies. Mein Vater war am Pendeln in den Westen und meine Mutter war mit der Vorbereitung des Umzugs dorthin beschäftigt und als dieser dann stattfand, war außer meiner Schwester und meiner Tante niemand mehr da, der sich um mich kümmern konnte.

Außerdem ich war ein junger Mensch, mit noch keiner Ahnung von irgendwelchen

Arbeitnehmerrechten und wusste ja nicht welche Rechte mir zustanden und das es nicht rechtens und illegal war und nicht nur das, sondern auch moralisch nicht so ganz einwandfrei um nicht zu sagen verwerflich, mich so eine Entscheidung treffen zu lassen ob ich jetzt meinen Chef unterstütze oder ob ich wie alle anderen auch Wochenende habe und meine Freizeit genieße, mit dem schlechten Gewissen und Wissen das mein Chef jetzt die ganze Arbeit alleine hat. Aber eines muss man dazu sagen: mein Chef hätte es wissen müssen. Er hatte nicht nur einen Bildungsauftrag, sondern ich war noch ein Schutzbefohlener und musste eigentlich vor körperlicher Ausbeutung in

Form von endloser Arbeit, geschützt werden müsse. Uns blieb eigentlich aber ja nichts anderes übrig. Wie sollten wir den Ansturm und die Nachfrage auf unsere wirklich leckeren Waren sonst bewältigen. Wir haben aber auch echt saugeile und leckere gutschmeckende Wurst gemacht. Nicht nur das unsere Wurst so gut geschmeckt hat, sie war auch von der Qualität her so, wie man es von einer Wurst erwarten kann, die im Haus Nummer eins am Platz hergestellt wird, Spitzenklasse. Wir wurden zwar immer eingespielter und unser Tempo wurde immer schneller und nach und nach tauschte Wolfgang die alten Maschinen mit modernen aus und machte aus der altertümlichen Fleischerei, über die Jahre einen modernen Lebensmittelbetrieb der Spitzenklasse. Wir schafften es aber trotz aller Effektivität nicht. Es musste sich etwas ändern. Die Spannungen, die das dadurch hervorrief und durch die gegenseitige Erwartungshaltung, waren unvermeidlich. Irgendwann konnte ich nicht mehr. Ich hatte in der Zwischenzeit doch eine Partnerin gefunden, war verheiratet und hatte schon Nachwuchs. Eine Tochter. Es war unglaublich wie glücklich mich die Geburt unserer Tochter machte und bis heute noch macht. Sie war das größte, positive und glücklichste Wunder was mir bis dahin passiert war und bis heute erinnere ich mich wie stolz und glücklich ich war, mit zwei, drei Tränen in den Augen, als ich meine Tochter das erste Mal im Arm hielt und es wie bei meiner Geburt, kein weinendes und nach Luft schnappendes Schreien gab, son-

dern genau wie bei mir ein süßes und krächzendes Lächeln zu hören war. Es sah fast so aus als, wie wenn sie mich ansah und mich
erkannte, an schmunzelte und sich so dachte: " Du bist also mein
Papa. Na das kann ja noch lustig und heiter werden...". Ich lächelte
lieb zurück und dachte mir das gleiche. Ich war erlöst, glücklich
und entspannt und das erste Mal richtig und komplett zu Frieden.
Endlich hatte ich mal das bekommen, was ich mir immer gewünscht hatte, jemanden der mich liebte.

10. Vater werden ist nicht schwer....

Vater sein dagegen sehr. So geht das Sprichwort weiter. Dieses Sprichwort stimmte, wie ich noch erfahren musste. Selbstverständlich war das auch bei mir so. Ich war ein noch sehr junger Mann und musste viele Dinge erst noch lernen. Als allererstes lernte ich, dass meine Arbeit irgendwie, wenigstens ein kleines bisschen, mehr gewürdigt werden müsste. Also begann ich mich nach einer anderen Arbeit umzusehen, wo ich, falls ich schon genau so viel arbeiten musste, wenigstens ein bisschen mehr Geld verdiente, oder umgekehrt, falls mein Verdienst, welcher leider branchenüblich so niedrig war, schon nicht steigen würde, dann sollte ich wenigstens ein bisschen mehr Freizeit haben. Ich fand diesen Job und kündigte die Arbeitsstelle bei Wolfgang unter Tränen, weil mir trotzdem diese Arbeit und die Arbeitsstelle ans Herz gewachsen war und ich ja quasi von Anfang an, nicht einfach nur mit dabei war, sondern auch am Aufbau dieses Geschäftes und am Fortbestand dieses, mit meinem Einsatz mitgewirkt hatte und fing als jüngster Abteilungsleiter einer Fleischereiabteilung bei der REWE-Ost, in einem Minimalmarkt in Reichenbach an. Ich Hatte von Beginn an sehr supernette Kolleginnen und Kollegen, welche mich riesig unterstützten und zwar bei der Umstellung von Handwerksfleischer zum Verkaufsmetzger im Einzelhandel und auch bei der Personalführung, da mir als junger Mensch sowieso die nötige Erfahrung dazu fehlte und außerdem hatte ich bisher den richtigen Umgang, als Vorgesetzter, mit seinen Mitarbeitern nie richtig erlernen können, weil mit mir selbst, von meinem Gefühl her, auch nie so richtig korrekt umgegangen wurde. Jetzt war ich der Vorgesetzte aber auch der Verantwortliche für diese Mitarbeiter und diese Abteilung. Tja, was hätte ich diesen jahrelang erfahrenen Mitarbeitern och beibringen sollen? Wie sollte ich mir als sogenannter Jungspund die Autorität und den Respekt einholen, wenn mir die menschliche Erfahrung, Ruhe, Gelassenheit und Weitsicht noch teilweise gefehlt hat. Meine Vorgesetzten im Markt sowie der Fachberater für unseren Bezirk, Herr Jugel, halfen mir ungemein, lernten mir sehr viel und unterstützten mich riesig, wo sie nur konnten. Dafür und dafür, dass ich an dem super Führungskräfteseminar der REWE, welches " Der Mensch im Mittelpunkt" hieß, teilnehmen durfte, war ich ihnen unheimlich dankbar und bin es heute noch. Es wurde uns dabei vor Augen gefühlt und beigebracht, dass alles im Zusammenhang steht, wie man miteinander umgeht als

Vorgesetzter, als Kollege, als Untergebener, als Kunde oder einfach nur als Mittmensch in Familie,

Freundeskreis oder seinem persönlichen Umfeld und dass am Ende immer der Mensch im Mittelpunkt stehen sollte, egal ob bei einem Verkaufsgespräch, Mittarbeitergespräch, Gespräch unter Freunden oder in der Familie oder einfach so bei einem Gespräch als Menschen untereinander, egal ob gelobt oder getadelt wurde. In diesem Job, den ich jetzt hatte, hatte ich von der

Wertschätzung her, beides. Ich verdiente jetzt mehr und zwar um einiges und ich verbrachte weniger

Zeit in der Arbeit und auf dem Weg dorthin, denn ich arbeitete keine Sonntage mehr hatte mehr Urlaubstage und normalerweise auch eine relativ geregelte Arbeitszeit. Klar arbeitete ich oft, um nicht zu sagen meistens, länger und mehr. Zum einen, weil ich die Verantwortung trug und auch selbst und zwar nicht nur als Vorbild, alles dafür geben wollte, so dass alles klappt und ich als Verantwortlicher immer für eventuelle Notfälle zur Verfügung stand und zum anderen, musste ich auch wirtschaftliche Zahlen vorweisen, wo die Personalkosten der Abteilung mit verrechnet wurden.

Da ich ja ein festes Gehalt hatte, egal wie wenig oder viel ich arbeitete, und es verlangt wurde, dass die Mitarbeiter so wenig wie
möglich zu zahlende Überstunden machen sollten und die Mitarbeiter, im Gegensatz zu den Festgehaltsempfängern wie Markt-
und Abteilungsleiter, ihre Überstunden voll bezahlt bekamen, arbeitete ich mehr und opferte meinen Feierabend und meine Freizeit, um ein gutes Personalkostenergebnis zu erzielen. Dies half
mir allerdings wenig dabei ein guter Vater zu sein, weil ich so natürlich weniger Zeit mit meiner Familie und somit auch mit meiner
Tochter verbrachte. Auch war ich oft von der Arbeit KO und ge-
stresst, dann war ich aber auch noch zu dumm, um ein richtig guter
Familienvater zu sein. Die Erfahrungen von mir, wie es mir so
erging als Kind ist ja, dass was ich mitnahm, wie es mir beigebracht wurde, von meinen Eltern in Umgang mit dem Ehepartner
oder mit den Kindern, das widerstrebte mir zu tiefst. So wollte ich
nie sein. Aber wie ich sein sollte, wie ich richtig mit meinem Ehepartner oder Kind umgehen sollte, wie ich ihnen zeigen sollte das
ich sie liebte, für sie sorgte oder einfach nur für sie da war, das
hatte mir niemand gezeigt oder beigebracht. Ich wusste und hielt
mich da auch immer dran, Gewalt, Herrsch- Schrei- und Streit-
sucht konnten es nicht sein. Ich verabscheute so etwas. Ich hasste
Gewalt, Geschrei und Herrschergehabe. Ich war ein Romantiker.
Ich liebte die Harmonie, die Zugewandtheit, die liebevolle und
nicht die strenge Fürsorge. Ich liebte die hingebungsvolle Gutmü-
tigkeit und trotzdem versagte ich. Ich versagte in meiner der Ehe
sowie als Vater nicht deshalb, weil ich vielleicht genauso eine
strenge und zum Teil von Gewalt und Erniedrigung geprägte Er-
ziehung an den Tag legte, so wie es mir unter anderem ergangen
war, nein ganz im Gegenteil. Ich war eigentlich relativ gutmütig
und zurückhaltend, eher vielleicht sogar etwas unterwürfig. Zumindest sah ich meine Frau und unsere Familie immer auf gleicher
Augenhöhe und als gleichwertige und als gleichberechtigte Partner
an. Ich versagte auch nicht, weil ich es nicht besser gelernt hatte,
nein ich versagte aus einem anderen Grund und dabei wäre es doch

so einfach gewesen. Ich hatte eigentlich alle guten Voraussetzungen gehabt, welch man gebraucht hätte, um ein guter Ehemann und Vater zu sein. Ich war humorvoll, gemütlich, besorgt, hingebungsvoll, liebevoll und selbst immer nach Liebe dürstend und so weiter, nur eine Voraussetzung hatte ich nicht: Zeit. Es wäre wirklich so einfach gewesen. Ich hätte einfach nur etwas mehr Zeit mit meiner Familie und somit mit meinem Kind und mit meiner damaligen Frau verbringen müssen, dann wäre alles perfekt gewesen. Nur ideale Voraussetzungen, um ein guter Mensch zu sein reichen noch lange nicht aus, dass man das dann auch am Ende wirklich ist. Ich hätte mir auch die Zeit dazu nehmen müssen um das meiner Familie zu zeigen und zu beweisen. Ich war sehr gutmütig, da ich ja Gewalt und übertriebene Autorität hasste und ich war sehr fleißig. Aber genau Das war es, was mir in diesem Fall einen Strich durch die Rechnung gemacht hatte. Ich war so auf das Auskommen der Familie fixiert, dass ich ganz vergessen hatte gemeinsam Zeit mit ihr zu verbringen um irgendwie eine Bindung auf zu bauen. Wie sollte mich meine Frau lieben und begehren, wenn ich gar nicht da war zum lieben oder um gemeinsam schöne Stunden miteinander zu verbringen. Wie sollte die Liebe und Achtung meiner Tochter gewinnen, wenn ich kaum Zeit mit ihr verbrachte, wenn sie mich fast gar nicht sah, wenn ich mir gar keine Zeit für sie genommen hatte, um ihr etwas bei zu bringen, sie mit zu erziehen oder einfach um mit ihr zu spielen, sie aufwachsen zu sehen und eine Bezugsperson zu sein. Da ich alles anders machen wollte wie meine Eltern, vergas ich unter anderem, dass meine Eltern ja auch viele Sachen richtig gut gemacht haben. Ich hätte mir zumindest diese eine Sache ein bisschen zum Vorbild nehmen können, nämlich sich trotz aller Widrigkeiten wenigstens ein bisschen Zeit nehmen und diese Zeit dann mit der Familie verbringen. Aber die Situation war dann doch nicht so einfach, wie sie schien. Es war ja nicht so, dass ich nicht gerne mit meiner Familie zusammen gewesen wäre, aber die Umstände ließen mich damals leider falsche Entscheidungen treffen. Ich dachte, es sei wichtiger mich um die materiellen Werte der Familie zu kümmern und so war die Situation relativ einfach erklärt. In der Früh konnte mich meine Familie nicht sehen, weil sie noch schliefen, wenn ich in die Arbeit ging und abends, wenn ich heim kam ging ich aufs Feld meiner Schwiegereltern oder baute am Haus mit, in dem wir und meine Schwiegereltern wohnten. Das ging dann meistens solange, dass meine Frau und mein Kind schon schliefen, wenn ich dann komplett und richtig Feierabend für diesen Tag hatte und dann selber müde zu Bett ging. Falls mal die Situation eintrat und ich doch mal eher Zeit gehabt hätte, gönnte ich mir mal ein Bierchen in der Kneipe " Rank´s Gaststätte" um die Ecke. Das ging dann meist so lange, dass meine Familie dann schon wieder im Bett lag. So lebte ich so zu sagen an meiner Familie vorbei.

Meine Familie konnte ja gar keine Bindung zu mir aufbauen, weil ich ja nie da war. Ich habe mich zwar immer um das Wohl meiner Familie gekümmert, in dem ich zur Arbeit ging, um somit das Geld für Miete, Essen und Trinken verdiente anschließend ging ich aufs Feld oder in den Wald oder auf die Baustelle. Diese harte körperliche private Arbeit konnte ich freilich nicht meiner Frau überlassen, nur um selbst lieber mit meiner Tochter zu spielen. Aber somit habe ich leider das seelische Wohl und damit den Zusammenhalt der Familie vernachlässigt. Das hat dann schließlich nicht nur das Auseinanderleben meiner Familie, sondern auch das Ende meiner Ehe beschleunigt. Obwohl die meisten Voraussetzungen perfekt waren, war ich zu dumm oder besser nicht weitsichtig genug, um das einfachste der Welt zu erkennen, dass es gebraucht hätte um es selber auch perfekt zu machen. Zeit, ich hätte mir einfach nur die Zeit nicht nur nehmen können, sondern ich hätte mir diese Zeit nehmen müssen. Tja, das Schicksal geht oft seltsame und seine eigenen Wege. Wenn alles perfekt gelaufen wäre, dann wäre ja jetzt hier an dieser Stelle Schluss gewesen und auch dieses Buch wäre vielleicht nie entstanden und ihr hättet meine bisherige Geschichte und die Geschichte wie es jetzt weiterging nie lesen können, denn die Geschichte ging weiter.

11. Vom Romantiker zum Stalker...

Eine Ehescheidung war unausweichlich und nicht mehr zu verhindern. Es war fast schon eine logische Schlussfolgerung, wenn die Beziehung sich schon so weit auseinandergelebt hatte, dass es nicht einmal mehr Streit gab, weil man so weit voneinander entfernt war, dass man nicht mehr miteinander geredet hatte. Also stritt man auch nicht mit einander. Das kann gut oder aber auch schlecht sein. Deshalb verlief auch die Scheidung relativ unspektakulär. Es gab keine großartige Schlammschlacht. Wir wollten einfach nur, dass es vorbei ist. Nicht etwa, weil es so schlimm gewesen wäre, nein es gab einfach nichts was für ein weiteres Zusammenleben sprach, weil es bis dahin ja auch kein richtiges Zusammenleben gab. Das war eigentlich der einzige und wahre Grund des Endes unserer Ehe. Es gab einfach keinen Grund, länger gemeinsam eine Ehe zu führen, weil es zwei zeitgleiche Leben der jeweiligen Partner parallel nebeneinander gab aber kein gemeinsames. Ich kümmerte mich um eine Unterkunft für mich, zog aus und verließ meine Familie. Aber ich verließ nie mein Kind. Die Scheidung hatte, so blöd das klingen mag auch etwas Gutes. Plötzlich redeten wir miteinander, wir verstanden uns besser wie während der Ehe. Das kam wohl auch daher, dass wir uns irgendwann einmal die Zeit nahmen und miteinander redeten und was noch viel wichtiger war, wir hörten uns sogar auch noch zu. Das mussten wir auch notgedrungen, schließlich hatten wir ein gemeinsames Kind und wir wollten beide, dass es unserer Larissa gut ging. Also taten

wir etwas, was wir bis dahin noch nie gemacht hatten, wir bespra-
chen gemeinsam was wohl das Beste für die

Entwicklung und die Zukunft unserer Tochter sei und wir beschlossen nichts zu tun was der Unbeschwertheit, der Freiheit und
dem Glück unserer Tochter schaden könnte, sondern nur Sachen
zu machen, welche ihr helfen würden und welche sie glücklich machen würden. Ich fand ziemlich schnell eine neue Wohnung in Jo-
hann Georgenstadt, wo ich mittlerweile arbeitete und viele supernette Kollegen und Nachbarn kennenlernte. Larissa war fast jedes
zweite Wochenende, jeden zweiten hohen Feiertag sowie die
Hälfte der Ferien bei mir. Komisch jetzt wo ich nicht mehr im gleichen Ort beziehungsweise gleichen Haus wie mein Kind wohnte,
hatte ich mehr Zeit mit ihr verbracht, als wie wo ich noch mit ihr
zusammen gewohnt hatte. Wir haben jedes Mal versucht, ein anderes Abenteuer zu erleben. Wie haben sämtliche Hallenbäder,
Vergnügungs- und Freizeitparks, Sommerrodelbahnen, Kinos und
McDonalds im Umkreis von hundert Kilometern abgeklappert. Ich
bin mit ihr auch zu meinen Eltern nach Bayern in den Urlaub ge-
fahren und wie haben dort unten auch jede Menge unternommen.
Diese Zeit war die schönste Zeit, die ich mit meiner Tochter überhaupt erlebt hatte. Ich hatte das total genossen, Papa zu sein und
ihr meine väterliche Liebe zu schenken, so wie es eigentlich für
die meisten Väter normal war. Ich liebte diese Zeit, die ich mit ihr
verbrachte und sie wird für immer in meinem Herzen, als eines der
schönsten Zeiten in meinem Leben, eingeschlossen sein. Ich kann
mich an ein Erlebnis erinnern, welches so schön war, dass immer
wenn ich daran denke, fast heulen muss vor Freude und Rührung.
Wenn es nicht so passiert wäre, dann müsste man wahrscheinlich
eine Geschichte erfinden und schreiben die so kitschig schön wäre,
um dieses Erlebnis zu beschreiben. Es war Weihnachten, der fünf-

undzwanzigste oder sechsundzwanzigste Dezember. Meine Tochter wusste nur, dass ich irgendwann an diesem Tag sie abholen würde um mir ihr einen tollen Tag zu verbringen. Ich lies mir diesmal etwas ganz Besonderes einfallen. Ich verkleidete mich als Weihnachtsmann, denn der Weihnachtsmann ist für jedes Kind der größte überhaupt und ich wollte immer für meine tolle Tochter der größte sein, so wie jeder Vater das gerne sein möchte. Ich fuhr schon als Weihnachtsmann verkleidet zu ihr hin. Sie bemerkte mich schon als ich mit meinem Auto bei ihr vor dem Haus vorfuhr. Sie stand schon abfahrbereit als ich aus dem Auto ausstieg. Doch dann traute sie ihren Augen nicht, denn aus dem Auto von ihrem Papa stieg augenscheinlich nicht ihr Papa aus, sondern der Weihnachtsmann. Ihre Ungläubigkeit und

Verwunderung stand ihr sichtlich ins Gesicht geschrieben. Der anfänglichen Zurückhaltung, wich ein strahlendes, überglückliches Lächeln und Grinsen im Gesicht. Ihre Augen strahlten und leuchteten wie zwei brennende Weihnachtskerzen welche sich in einem Fenster spiegelten. Ich werde diesen Blick nie vergessen. Dieser Blick war aber nicht mit diesem Augenblick beendet, nein dieser Blick dauerte den ganzen Tag und Abend an. Ihre Umarmung bei der Begrüßung fiel diesmal noch heftiger und inniger aus, wie sie so schon sonst war. Als sie dann neben mir im Auto saß, und wir in unser von mir versprochenes, spannendes Abenteuer aufbrachen, schaute sie mich einfach nur wortlos mit diesen glänzenden glücklichen Kinderaugen an. Sie brachte keinen Ton raus aber ihr Blick verriet mir, was sie dachte: " Mein Papa ist der Weihnachtsmann! ". Das war für mich so ein bewegender Moment, das ich ein Foto von diesem wunderschönen glücklichen Kindergesicht machen musste, um diesen Augenblick für immer festzuhalten. Damit war es aber noch nicht genug, denn ich hatte beschlossen mit ihr ins Kino zu gehen, denn da lief ein neuer Zeichentrickfilm mit dem

Namen: " Lilo und Stitch ". Als ich dann als Weihnachtsmann verkleidet mit ihr Hand in Hand das Kino betrat und an den staunen-
den Blicken der anderen Kinobesucher vorbeilief, merkte man
sichtlich, wie sie vor Stolz fast platzte, denn sie ging mit dem
Weihnachtsmann Hand in Hand ins Kino um gemeinsam einen
Film zu sehen und nicht nur das, der Mann den alle Kinder das
ganze Jahr sich herbeisehnen um ihn einmal in ihrem Leben in
echt zu begegnen, war ihr Papa. Dieser Tag war, so glaube ich zumindest für uns beide einer der schönsten Tage in unseren Tochter-
und Papatagen. Sie hatte den ganzen Tag dieses unbeschreiblich
glückliche Grinsen im Gesicht und ich hatte den ganzen Tag vor
Glück und Rührung eine Tränenwasserschicht über meine Pupil-
len. Ich war so voller Romantik, dass ich sogar bei den traurigen
und gefühlvollen Szenen, welche in dem Trickfilm vorkamen mit
den Tränen zu kämpfen hatte und ab und zu mir ein Schluchzen
nicht verkneifen konnte. Ich erinnere mich heute noch gerne auch
zusammen mit meiner Tochter an diesen schönen Tag, dem
schönsten Weihnachten in meinem Leben. Zu dieser Zeit lief alles
ziemlich gut bei mir, auch mit meinen Kollegen und neuen Nachbarn. Diese machten es mir ziemlich einfach, mich nicht alleine
und einsam zu fühlen. Die herzliche, weltoffene, gemütliche, hu-
morvolle und unvoreingenommene Art von uns Erzgebirglern und
Vogtländern, half ungemein. Vielleicht war es genau das was es
mir so einfach machte nämlich Herzlichkeit. Wir Vogtländer, wir
Erzgebirgler, wir Sachsen im Allgemeinen, wir waren Menschen
mit Herz. Wir waren nicht böse, gemein, herrschsüchtig, brutal o-
der Nazis. Ok, ein paar Idioten gab es ja überall, aber wir Sachsen
waren schon immer weltoffen, mutig, klug, liebevoll, ehrlich und
eben... genau, herzlich. Auch diese Eigenschaften waren es, wes-
wegen es gar nicht so lange dauerte bis wieder eine Frau in mein
Leben trat. Ihr Name war Lady Di, zumindest nannte ich sie so.

Sie war mutig genug um sich auf einen Looser wie mich einzulassen und zu diesem Zeitpunkt dachte ich, sie wäre ehrlich und herzlich. Ok, vielleicht war sie ja auch herzlich, aber sie war auf jeden Fall war sie mutig und weltoffen genug um mit mir etwas anzufangen, schließlich lebte ich gerade in Scheidung und das musste ja eine Ursache haben und ich war schon Vater. Aber sie war auch klug, wie sie später noch bewies. Sie überlegte immer alle ihre Schritte die sie tat und wusste immer ganz genau was sie tat, denn sie machte nichts ohne irgendeinen Hintergrund. Aber in dieser Situation, in diesem Moment und zwar in diesem Moment wo ich sie das erste Mal sah, in diesem Moment war sie perfekt. Hübsch war sie, das musste man ihr lassen, aber nur schön sein alleine reicht eben nicht. Wie hieß doch das Sprichwort: " Scheiß auf die schönen Beine, die gehen auch nur in den Arsch". Wir hatten eine Ziemlich heftige und romantische, aber dann am Ende trotzdem nicht passende Beziehung. Entweder weil sie zu mutig, zu klug, zu modern war oder ich war einfach nur zu dumm, zu romantisch, zu verliebt, zu altmodisch und zu zurückgeblieben in Beziehungsdingen und zu der Zeit einfach noch nicht reif genug und absolut nicht modern genug um mit ihr eine Zukunft oder Beziehung zu haben. Sie arbeitete in einem Hotel und Restaurant in der Nähe. Mit ihrer weltoffenen und kontaktfreudigen Art, war sie wie geschaffen für diesen Beruf. Sie war sehr freundlich, fleißig

und las allen Ihren Gästen jeden Wunsch von den Lippen ab und versuchte alle zu erfüllen, zur Freude vor allem ihrer männlichen Gäste. Zu der Zeit wusste ich ja noch nicht, wie gut sie sich um deren Bedürfnisse kümmerte. Aber ich sagte ja bereits, dass nichts ohne Hintergedanken oder für umsonst machte. Naja, ich hoffe und wünsche ihr, dass es sich wenigsten für sie gelohnt hat. Mir zumindest, hatte es das Herz gebrochen. Ich war halt total verliebt und hatte mit so etwas überhaupt nicht gerechnet. Ich war wie vor den Kopf gestoßen. Ich wäre nie im Traum auf die Idee gekommen auch nur irgendeinen Gedanken, damit zu verschwenden, dass sie mich nicht lieben könnte und einen ganz anderen Plan verfolgte. Ihr Vater hatte mir schon beizeiten mal in einem sogenannten Vieraugengespräch mitgeteilt, dass seine Tochter eine Nutte war, dass ich noch sehr enttäuscht werden würde, und wehe ich würde sie verlassen und ihr damit weh tun, bevor sie es umgekehrt macht. Ich glaube aber und hoffe, dass er das nur so gesagt hatte, weil er erstens, augenscheinlich ein paar Bierchen schon intus hatte und zweitens, war ich nicht gerade die Traumauswahl für seine Tochter und er wollte mich von ihr fernhalten, weil er sich für seine Tochter einen anderen Schwiegersohn gewünscht hatte. Leider für mich, stellte sich später heraus, dass ihr Vater gar nicht mal so Unrecht hatte. Wäre ich doch damals nur auf seine Warnungen reingefallen, das hätte mir und ihr die noch viel schlimmere Realität erspart, aber ich war blind, nicht vor Liebe, sondern vor Verliebtheit. Irgendwann, durch einen dummen Zufall, kam der Hammer und der traf mich mit noch größerer Wucht in die Fresse, als wie irgendeine Schelle von meinem Vater. Di kam wie so oft sehr spät von ihrer Arbeit nach Hause. Naja, es war nun mal so im Gastrogewerbe, dass es auch mal spät werden konnte und dass das auch öfters mal so war. Damit kam ich eigentlich auch ganz gut klar. Sie ging sofort in die Badewanne, wie so oft nach ihrer Arbeit. Aus irgendeinem Grund, hatte sie ihr Handy in der Küche vergessen und vergessen ihre Nachrichtentöne leise zuschalten. Ich befand mich ebenfalls in der Küche um für sie ein Essen aufzuwärmen oder so. Plötzlich piepste ihr Handy und zwar so laut, dass ich dachte es klingelte und jemand ruft sie an und wollte rangehen, um dem Anrufenden zu sagen, dass Di kurz verhindert sei und später zurückrufe. Nur das doofe daran war, es war nur eine SMS und weil ich ja den vermeintlichen Anruf entgegennehmen wollte, sah ich was da drinstand, denn das SMS-Menü war noch geöffnet. Es war ziemlich eindeutig, deshalb muss ich hier nicht wiedergeben was da zu lesen war. Es war gut zu verstehen was gemeint war, auch wenn ich in diesem Moment gar nichts mehr verstanden habe. Irgendetwas hatte in diesem Moment etwas mit meiner Psyche und mit meinem Charakter gemacht, denn ich habe mich auf einem Schlag vom verliebten Romantiker, zu einem kolerischen Stalker entwickelt. Mir sind anscheinend alle

Sicherungen durchgebrannt und mir hatte es voll den Schalter rausgehauen, wie man so schön sagt. Aber schön war das Alles überhaupt nicht. Ich fing völlig kolerisch mit schreien an und begann Di aufs übelste durch die geschlossene Badzimmertür zu beschimpfen. Als sie dann später fertig war und etwas verstört aus dem Bad kam, gingen meine Vorwürfe weiter. Sie versuchte erst mir irgendwelche Lügengeschichten zu erzählen, aber selbst ihr wurde nach kurzer Zeit klar, dass das so keinen Sinn machte, weil ich es ihr sowieso nicht glaubte und die Geschichte auch sehr wenig glaubhaft erzählt war. Nach circa einer halben Stunde Funkstille, fragte ich sie wie es jetzt hier weitergeht und dass wir uns aussprechen sollten, denn mit einhundertachtzig Puls, wegen der Aufregung, könne keiner von uns beiden schlafen. Aber das mussten wir, weil wir ja am nächsten Tag wieder einen schweren Arbeitstag vor uns sahen. Dann begann sie schließlich, mir ein paar Teile Wahrheit zu zuwerfen, welche ich aufnahm und welche mich auch ein bisschen beruhigten. Es folgte ein ausgiebigeres Gespräch, wo sie nach und nach mit ein bisschen mehr Wahrheit rausrückte. An diesen einen Abend war danach fast alles wieder gut, doch irgendetwas hatte mich seit da an verändert. Ich war nicht mehr der gleiche Mensch wie vorher. Ich war nicht mehr der ruhige, entspannte, besonnene und vor allem nicht mehr der lustige Mensch, ich war von da an der misstrauische, vorwurfsvolle, kolerische und traurige Mensch, der ab da an das letzte bisschen

Selbstbewusstsein, den letzten Glauben, das letzte bisschen Hoffnung wenigstens ein bisschen geachtet oder ein bisschen ehrlich geliebt zu werden verloren und ich hatte das verloren was mein Wesen bis dahin ausmachte. Meine unaufgeregte und weltoffene Gelassenheit wich einer jähzornigen und krankhaften Eifersucht mit der ich ab und zu noch bis ins Hier und Jetzt zu kämpfen hatte. Ich wurde zu einem Kontrollfreak. Die Situation war nicht nur für mich fast unerträglich, immer im Bewusstsein mehrfach und ständig betrogen worden zu sein und im vermeintlichen Wissen, dass die Situation noch nicht beendet war und es immer so weitergehen würde, sondern auch für sie war es unerträglich, sich ständig meinen eifersüchtigen und kontrollierenden Unmut ausgesetzt gewesen zu sein aber irgendwie, pegelte sich alles irgendwie ein und wir kamen beide so recht und schlecht damit irgendwie klar und arrangierten uns irgendwie mit der Situation. Eines Tages passierte auch etwas fast schon Unvermeidliches. Sie lernte jemand aus der Schweiz kennen, der Kontakte und Beziehungen zur Gastronomie in einem der schönsten Urlaubsgebiete der Schweiz hatte in Zermatt im Kanton Wallis. Natürlich lief da mehr und natürlich fand ich und mein Kontrollzwang es heraus. Es war die Chance für eine Junge Hotel- und Restaurantangestellte aus Ostdeutschland, aus dem tiefsten Erzgebirge, in irgendeiner Art und Weise doch irgendwie Kariere zu machen und wenigstens ein bisschen der Härte des Jobs angemessenes Geld zu verdienen. Irgendwann informierte sie mich gerne diese Chance wahrnehmen zu wollen. Und klar wussten ihre Eltern und Arbeitskollegen vor mir bescheid. Ich war der letzte der dies erfuhr und zwar genau erst zu dem Zeitpunkt, wo ihre Entscheidung schon feststand und schon alles organisiert war. Jetzt im Nachhinein habe ich sogar so etwas wie nachvollziehbares Verständnis. Es war so etwas wie ein goldenes Ticket, einerseits die kompliziert gewordene Beziehung mit mir zu beenden und andererseits die Chance nochmal etwas ganz anderes zu erleben und vielleicht nochmal etwas aus ihrem Leben zu machen. Klar kam es zum Konflikt. Ich verstand sie schon irgendwie, dass sie die Chance auf einen Karriereschub sah. Ich wollte mit und mir dort auch irgend einen Job suchen, denn gerade hatte sich eine bei mir vorher gebotene Chance auf eine eigene Fleschereifiliale, auf Grund des Elbehochwassers des Jahres 2002 und der damit verbundenen Ausrichtungsänderung des Unternehmens wo ich arbeitete, zerschlagen und ich war sowieso auf der Suche nach einer neuen Herausforderung oder eines neuen Jobs. Aber sie wollte das nicht. Sie meinte das soll ihr Ding sein, ohne jemand anderes, ohne andere Hilfe und vor allem ohne irgendwelche Altlasten, also mich, welche ihrer vermutlich besseren Zukunft im Weg standen. Ich akzeptierte das auch irgendwann und musste das ja auch es blieb mir ja gar nichts anderes übrig aber irgendwie gab sie mir aber noch die Hoffnung, dass damit unsere Beziehung nicht unbedingt zu sein musste. Sie wusste aber damals schon, dass dem nicht so sein würde und ich glaube sie wollte mir damit den Abschied damals nicht gar so schwer und etwas einfacher gestalten. Aber für mich war das ein Strohhalm den ich ergriff, um doch noch irgendwie an eine positive Wende und den Fortbestand unserer Beziehung zu glauben. So beschloss ich nach Bayern in die Nähe meiner Eltern zu gehen. Denn erstens war ich somit auch nicht so weit von ihr weg und man hätte sich besuchen können, was wir auch tatsächlich ein paarmal taten und so etwas ähnliches wie eine Fernbeziehung führten, bis schließlich durch ein dummes Missverständnis öder eine beabsichtigte Lüge ihrerseits mir gegenüber unser Kontakt komplett abbrach, und zweitens wäre ich somit auch in der Nähe meiner Eltern und meines Bruders gewesen und somit nicht ganz alleine irgendwo in Einsamkeit versumpft. In der Zeit bis zum endgültigen Kontaktabbruch mit " Lady Di " entwickelte ich mich aber leider noch mal fast zu einem richtigen Stalker. Ich bombardierte sie mit ständigen und nervigen Eifersuchtsanrufen und SMSen. Ich kam zwar damit vermeintlich irgendwie klar, dass sie mittlerweile eine neue Beziehung hatte und anscheinend glücklich zu sein schien, was ihr auch von ganzen Herzen wünschte, denn sonst hätte sich diese ganze Tortur ja nicht gelohnt, aber irgendwie kam ich nicht so richtig von ihr los und war wie in so einem psychischen Stalkerwahn, wie in einem Tunnel gefangen und immer in eine Richtung stierend. Aber es war die falsche Richtung. Aber ich konnte nicht anders, es war wie so ein Zwang. Sie war die erste, wo ich dachte, dass sie ehrliches Interesse an mir hatte und ich dachte, ich wurde das erste Mal richtig geliebt oder akzeptiert oder nicht belogen oder betrogen oder einfach nur als gleichwertige Person gesehen. Ich wollte dieses Gefühl, welches ich bis dahin immer vermisste und den Glauben daran nicht aufgeben. Aber durch mein Gestalke, machte ich freilich nichts besser und löschte somit den letzten verbliebenen Funken meiner Hoffnung. Durch diese kleine Lügen- oder Missverständnisgeschichte, welche sie mir dann erzählte und der daraus folgenden, wahrscheinlich gewollten Kettenreaktion, brach sie den Kontakt mit mir endgültig und komplett ab und sie konnte sich so aus meinem Stalkerhorror befreien und mich aus meiner Lethargie und Selbstmitleid. Im Nachhinein muss ich sagen war das eigentlich ganz gut so. Ich war endlich wieder in der Realität angekommen und nach einem vermeintlichen verliebten Traumflug in den Sternen wieder auf dem Boden der Tatsachen gelandet, um nicht zu sagen ziemlich hart aufgeschlagen. Anfangs hatte ich riesige Probleme damit, jetzt bin ich in den Westen, nach Bayern, in ein für mich unbekanntes Land gegangen, um meiner vermeintlichen Liebe näher zu sein und stand plötzlich und außer für mich, aber erwartbar wieder alleine und ungeliebt da. Ich fiel von nun an in ein totales finsteres und tiefes Loch der Verzweiflung und des Selbstmitleids.

12. Ron Jeremy, FC Bayern und ein Geist brachten mir das Leben zurück....

Psychisch am Ende und ohne jegliche Kontrolle über mein Leben kapselte ich mich total von allen und der Außenwelt ab. Irgendwie fühlte ich mich wieder wie in meiner Kindheit gefangen, wo durch die Lügen anderer ich eine in die Fresse bekam. Also machte ich das was ich damals auch machte. Ich aß nichts mehr und was noch viel gefährlicher war, nach dem anfangs nur gesoffen hatte und zwar Alkohol, trank ich auch nichts mehr Außerdem hatte ich Schlafstörungen. Die Gedanken und alles Neue rundherum prasselten wie Hagelschläge auf mich ein und ich und meine verloren Hoffnung begannen mich und meine Psyche komplett zu zerstören. Es ging so weit, dass meine Gesundheit gefährlich angeschlagen war und ich nach einem Rat von meiner Mutter endlich zu Arzt ging um mich durchchecken zu lassen. Meine durch den früheren regelmäßigen Sport antrainierten, fast einhundert Kilogramm

Muskelmasse reduzierten sich innerhalb von dreißig Tagen auf 59 Kilogramm. Meine Nieren begannen so langsam ihre Funktion einzustellen und ich hatte, festgestellt durch eine Ultraschalluntersuchung, schon sogenannten Gries und kleinere Nierensteine in meinen Nieren. Die Empfehlung des Arztes doch bitte wenigsten wieder etwas zu trinken, es darf auch ruhig mal ein Bierchen sein, weil das den Harndrang und Nieren und Blasenaktivität etwas ankurbeln sollte, kam ich nach und trank wieder. Aber aus mal einem Bierchen, wurden nur Bierchen und dann aber nicht nur eins. Harndrang hatte ich so wieder nur gesund war das auch nicht unbedingt und der Lebensdrang hat auch noch irgendwie gefehlt. Da kam es für mich ganz gut, dass ich in meiner neuen ersten Arbeitsstelle im sogenannten Westen einen Arbeitskollegen kennen lernte, der zwar privat ganz locker zu sein schien aber in der Arbeit das Pflichtbewusstsein, so wie ich es eigentlich auch kannte und eigentlich es mir auch eigentlich so im Blut lag, an oberste Stelle setzte und zwar ganz egal welche privaten Probleme ich hatte. Anfangs dachte ich, was war das den für ein blöder Wessi. Ich glaubte damals, dem fehlte meiner Meinung nach, die menschliche Weitsicht, das

Einfühlungsvermögen und irgendwie der Zwischenmenschliche Umgang. Aber er kam nur seiner Pflicht nach. Als erstes Mal musste er eine Metzgereifiliale wirtschaftlich leiten und als zweites, Personal führen und zwar so, dass alles läuft und vor allem Kunden und der Chef und die Chefin zufrieden sind. Ich glaubte wirklich nicht, dass ich mit dem Typen irgendwie warm werden könnte. Er kam mir ziemlich überheblich und selbstverliebt vor. Ohne ihn zu kennen oder nur ohne nur im Entferntesten etwas über ihn zu wissen, dachte ich mir: " Was für ein Arsch, typisch gefühlskalter Besserwessi ". Aber ich hatte mich getäuscht. Er sah, dass ich mich trotz der sprachlichen Barriere, wenn man aus dem tiefsten Sachsen kommt und nun in Oberbayern lebte, gab es diese sprachliche Barriere, anstrengte und Mühe gab, so wie ich es immer tat, um das Beste für die Kunden und somit auch für die Firma zu tun. Auch die Kunden bemerkten meine muttersprachlichen Probleme, aber meine freundliche, nette und zuvorkommende Art und der Servicegedanke der mir praktisch eingeimpft wurde und den ich auch seit Jahren praktizierte und als eine der wichtigsten Grundlagen im Handel sah, wirkte auf sie anscheinend irgendwie sympathisch und sie begannen mich langsam und nach und nach, zu mögen. Dann folgte ein folgenschweres Gespräch, welches das Eis zum Schmelzen brachte. Michi mein Arbeitskollege und nächster Vorgesetzter unterhielt sich mit mir kurz nach Ladenschluss, wo lockere Gespräche eigentlich Gang und Gebe waren, über das Thema Frauen und dass oftmals Männer, welche gar nicht mal so gut aussahen, die tollsten Frauen abschleppten, und dann nicht mal so toll behandelten und trotzdem wollten die Frauen diese kleinen nicht gerade sich wie Gentleman verhaltenden, hässlichen Arschlöcher. War es die Ausstrahlung und Aura, die diese Männer durch ihr enorm übertriebenes Selbstbewusstsein, hatten oder waren es ein paar Millionen auf der Bank oder ein viertel Meter in der Hose, oder beides, was sich dann natürlich wieder äußerst positiv auf das Selbstbewusstsein und die Ausstrahlung und die Aura dieser Männer auswirkte. Sie waren für die Frauenwelt einfach sexy, auch wenn das unglaublich klingt, aber es war so. Daraufhin fiel mir ein Name ein, der genau das verkörperte wie kein anderer. Er war alles andere wie gutaussehend und in seinen Filmen wirklich nicht immer ein Gentleman und trotzdem flogen die Frauen auf ihn. Er war eine Legende, eine Koryphäe, ein Meilenstein in der Filmgeschichte, der erste und für mich einzige, wirkliche, männliche Pornostar. Sein Name war Ron Jeremy. Er war ein kleiner, kurzbeiniger, rundlich um nicht zu sagen dicklich, untersetzter Mann mit langen, schwarzen lockigen Haaren auf dem Kopf, auf dem Rücken, auf dem Bauch und eigentlich überall. Also wirklich schön hätte ich etwas anderes bezeichnet. Aber er war halt eine Legende und unheimlich beliebt bei den Frauen, zumindest in seinen Filmen. Ok es könnte in diesem Fall wirklich an den fünfundzwanzig Zentimetern gelegen haben, da sein Spitzname ja Mister Viertelmeter war. Ich fand den Typen einfach nur lustig und urst komisch, das machte ihn wieder irgendwie sympathisch, naja und neidig machte er einen auch irgendwie. Nicht nur alleine wegen seinem Viertelmeter, sondern eigentlich in erster Linie, wegen seiner Beliebtheit. War es nicht zuletzt das Gefühl beliebt und geliebt zu sein, wonach ich mich so sehr sehnte und was mir fehlte. Das alles hatte Mister Jeremy. Michi war total verdutzt, dass ich ihn auch kannte, denn auch für ihn war Ron eine Ikone. Jetzt war wirklich das Eis gebrochen. Wir fingen laut mit lachen an und unterhielten uns, als würden wir uns schon Jahre kennen und wie als wären wir auch schon seit Jahren befreundet.

Es war herzlich und dann passierte das was unsere Freundschaft schließlich besiegelte. Er sagte zu mir " Marco, geh mal nach nebenan zum Pizzaitaliener und hol mal paar Gustl, dann dringa mir amoi a Hoibe zam." Das tat ich dann. Als ich beim Pizzaserviceitaliener, welcher seinen Laden genau nebenan hatte, angekommen war, kaufte ich die gewünschten Biere und zwar waren Augustiner Biere gewünscht. Mit meinem freundlichen Ossiitalienisch bedankte ich mich mit einem kurzen und knackigen " Grrroaazie!". Darauf entgegnete mir der Pizzabäcker: " Nix kroatie! Grrraaaazie! Si?!" Und dann verabschiedete er sich mit einem lauten Lachen und einem freundlichen Tschüss und dass ich in Zukunft, wenn ich mit ihm reden möchte, dass ich das besser auf Deutsch tuen sollte oder besser italienisch lernen sollte. Natürlich war das alles auch ein bisschen im Spaß gemeint, aber ich nahm mir vor, mit meiner italienischen Vornamensgeschichte, irgendwann mal eine Italienerin kennen zu lernen und dann auch besser mit ihr italienisch zu lernen. Aber nicht nur Das. Die Italienerinnen, so erzählte man sich, sollten die emotionalsten und leidenschaftlichsten Frauen sein und genau das wollte ich. Eine Frau mit Leidenschaft und mit ehrlichen Emotionen. Wenn sie traurig war, dann sollte sie auch mal bitterlich weinen können, wenn sie glücklich war, dann sollte sie mit der Sonne um die Wette strahlen können, wenn sie lustig war, dann sollte sie lauthals und herzlich lachen können, wenn sie wütend war, dann sollte sie mich zusammenscheißen können und wenn sie geil war, dann sollte sie mit mir die Matratzen kaputt vögeln. Also ehrlicher geht es wohl kaum und genau das wollte ich und natürlich italienisch lernen. Dann brachte ich die Biere zu Michi. Die Verkäuferin, welche noch mit uns arbeitete, war schon nach Hause gegangen und so genehmigten wir uns, beim Saubermachen, ein paar Bierchen und

unterhielten uns gemütlich. Unsere anfängliche Abneigung gegeneinander, war einer richtigen Männerfreundschaft gewichen. Aus dem eingebildeten Wessifatzke und dem komplett eingeschüchterten und dummen Sachsenbeitl, wurden die Freunde Michi und

Marco. Wir fingen an, uns auch über Fußball und Fußballvereine zu unterhalten. Klar war zwar Wismut Aue mein Heimatverein und mit mir verbunden, aber ich berichtete ihm, dass ich als Kind oft heimlich Westradio und zwar Bayern Eins angehört hatte und versuchte, so oft wie möglich die Sendung " Heute im Stadion" anzuhören und da wurde immer so cool und emotional, und begeisternd vom Fußball berichtet und natürlich auch vom FC Bayern München. Was die da im Radio so über Bayern München berichteten, hat mich immer so mitgerissen und begeistert, dass ich damals ohne je ein Spiel gesehen zu haben, FC Bayern Fan geworden bin. Das und die Geschichte dazu, hat ihm ganz gut gefallen und er teilte mir mit, dass er neben dem Verein Celtic Glasgow, weil er schottische Wurzel besaß, auch FC Bayern München Fan sei und so hatten wir außer Bier, Ron Jeremy und Frauen noch den FCB als Gemeinsamkeit und als gutes Unterhaltungsthema.

So, jetzt hatte ich zumindest schonmal in der Arbeit einen Gesprächspartner gefunden, nun fehlte nur noch im Privatleben oder zu Hause so jemand. Dies sollte viel schneller und unerwarteter geschehen als gedacht. Da ich durch die neuen Impulse meines Arbeitskollegen, wieder so etwas wie neuen Lebensmut und Hoffnung schöpfte, regulierte sich auch mein Alkoholkonsum auf ein den Umständen entsprechend, halbwegs normales Maß. Klar, regelmäßig Alkohol und egal welche Umstände, es ist trotzdem immer noch zu viel Alkohol. Aber ich war zumindest schon mal so weit gekommen, dass ich mich nicht mehr regelmäßig betrank, sondern gar nicht mehr. Ich reduzierte meinen Konsum auf etwa zwischen zwei und vier Bier. Natürlich war das zu weilen immer noch zu viel, aber es war zumindest so wenig, dass ich wieder klarer bei Kopf, Verstand und Herz wurde und durch die fehlenden Kalorien, welche mir durch die immer weniger werdenden Biere entgingen, hatte ich sogar schon wieder Hunger und fing so nach und nach wieder an, etwas zu Essen. Dies wirkte sich nicht nur positiv auf meinen Körper aus, nein auch meine Psyche profitierte davon. Ich glaube, man konnte das schon nachvollziehen, wie toll doch so ein richtiges Essen, nach einem langen und harten Arbeitstag, war. Ein Genuss. Ja genau, ich hatte wieder, oder vielleicht sogar überhaupt erstmals, gelernt zu genießen. Zumindest waren die Anfänge gemacht. Es kehrte auch so Etwas wie ein kleines Lächeln in mein Gesicht zurück. War ja auch klar, gutes Essen und neue Freunde, in dem Fall ein Freund, beziehungsweise ein Arbeitskollege, ließen die Endorphine und wenigstens ein kleines bisschen Zufriedenheit, wieder zum Vorschein bringen. Das Alles wirkte sich auch irgendwie auf meine Aura und Ausstrahlung aus. Zwar konnte ich bei der Beliebtheit nicht mit Ron Jeremy mithalten, aber irgendwie wirkte ich auch wieder etwas anziehender auf die Frauenwelt. Ich wurde wieder etwas mutiger und mein Mistrauen gegenüber Frauen, wich so langsam wieder der Kontaktfreude. Anfangs waren es ein paar Blickkontakte und später wurden es hier und da ein paar Flirtgespräche und hier und da so vereinzelte kleinere, unbedeutende Liebeleien, welche mir sichtlich auch ganz guttaten. Eigentlich dachte ich, dass ich psychisch wieder auf einen ganz ordentlichen Weg sei, aber die Geschehnisse der nächsten Zeit ließen mich daran und an meinen geistigen Zustand zweifeln. In meiner neuen Wohnung, in Haag in Oberbayern, war ich schon oft und viel alleine und einsam. Da konnte einem schon mal die Decke auf den Kopf fallen und man sieht die Wände immer näher auf sich zukommen und Dinge erscheinen einem komisch oder unerklärlich, welche man in einer Beziehung oder unter Leuten gar nicht bemerkt hätte oder einem überhaupt nicht aufgefallen wären. Ich hatte diese Dinge schon öfters im

Unterbewusstsein war genommen aber nicht so registriert, wie sie dann am Ende waren. Als ich eines Tages nachhause kam, fiel mir so ein Schatten auf, der durch das Wohnzimmer und anschließend durch die ganze Wohnung wanderte. Dieser Schatten war mir schon öfters aufgefallen, aber ich schenkte ihm keine Beachtung, da ich dachte, dass der Scheinwerfer eines vorbeifahrenden Fahrzeugs, ein Baum und eine Straßenlaterne in gemeinsamer Zusammenarbeit, ein Lichtspiel produzierten welches seine Schatten und Lichtscheine in meine Wohnung projizierte. Nichts Böses oder Schlimmes ahnend, ging ich rein zufällig und eigentlich nur so zwang- und belanglos, zum Fenster und schaute hinaus. Doch was ich da sah, lies mich vor Schaudern erstarren. Ich bekam vor Schreck fast keine Luft mehr und spürte wie meine Kehle immer trockener wurde und ich hatte das Gefühl, als würde sie sich so langsam zuziehen. Ein eiskalter Schauer lief mir herunter und ich hatte eine Gänsehaut und zwar so heftig, dass man schon fast von einer Straußenhaut sprechen konnte. Mir stellte es meine nichtvorhandenen Nackenhaare auf, denn das was ich da draußen sah, wirkte auf mich wie in einem mehr oder minder guten Horrorfilm. Ich traute meinen Augen nicht und konnte es nicht fassen. Völlig verstört und irritiert wich ich ungläubig und zurück. Es war unglaublich, denn das was ich da draußen sah, war absolut gar nichts. Da war nichts, kein Baum, keine Straßenlaterne, da war noch nicht mal eine Straße und somit auch kein Fahrzeug oder ein Scheinwerfer eines solchen, welches im Vorbeifahren ein Licht- und Schattenspiel hätte erzeugen können. Da war auch kein Haus gegenüber, wo eventuell das Licht, welches durch ein Fenster, erzeugt durch eine Lampe oder Fernseher oder ähnlichen, hätte scheinen können. Da war absolut nichts. Einer Hinterhofwiese folgte ein gut überschaubares Feld und anschließend ein Wald. Es war stockfinster da draußen und wie auf einem Schlag totenstill. Nicht einmal ein Windrauschen oder Vogelgeschrei war zu hören. Das einzige was ich in diesem Moment wahrnahm, war das Geräusch und der Nebelhauch meines Atems, sowie das pulsierende Geräusch meiner Adern und meines Herzschlags. Von einem Augenblick auf den nächsten, schien die Temperatur, dieser eigentlich lauen Sommernacht, rapide zu sinken und ich sah wirklich den Nebelhauch meines Atems. Ein eisiges und unheimliches Gefühl umgab mich plötzlich und machte mir schon ziemlich heftig Angst. Wie konnte das sein. Ich hatte diese hellen und dunklen Schattenerscheinungen doch gesehen. Hatte mir der Suff oder meine Psyche so einen irren Streich gespielt? Diese Szenen wiederholten sich jetzt fast täglich. Dazu kam noch, dass ich auch manchmal Geräusche und Stimmen hörte, wie wenn sich noch jemand in der Wohnung befand. Das trieb mich fast in den Wahnsinn und zur Verzweiflung. Ich fing wieder mit trinken an, um so müde zu sein, dass ich wenigstens ein bisschen einschlafen und schlafen konnte. Das funktionierte leider nur bedingt, denn der Geist schien mich nicht in Ruhe zu lassen. Ich wusste auch nicht ob er meine Gesellschaft suchte, weil er vielleicht genau wie ich, einsam und unbeachtet war, oder ob er mich aus der Wohnung vertreiben wollte, weil ich da in sein Reich eingedrungen war. Keine Ahnung, aber auf jeden Fall, so hätte man sagen können, hatte ich nun auch privat zu Hause Gesellschaft. Naja, diese Art von Gesellschaft hatte ich mir eigentlich nicht vorgestellt. Aber so war es leider nun mal nicht und Erfahrungen mit dem Paranormalen hatte auch nicht jeder. Da das Saufen dagegen auch nichts half und ich trotz genügend Alkohol intus, nicht schlafen konnte, beschloss und erkannte ich, dass das auch nicht die Lösung war und hörte wieder auf mit der täglichen Sauferei. Ich dachte mir so, vielleicht könnte ich mich ja irgendwie mit dem Geisterwesen arrangieren und suchte nun regelrecht den Kontakt. Immer wenn ich ins Bett ging oder ich wieder solche Erscheinungen sah, habe ich das oder die Wesen direkt angesprochen und ihnen gesagt, dass sie mich doch bitte in Ruhe lassen sollen und ich doch gar nichts von ihnen will. Sie dürften ja ruhig hier sein sollten mich aber in Ruhe lassen, weil ich wohnte ja nun mal jetzt dort. Ich sagte zu ihnen, dass sie mir auch erscheinen dürften und rumspuken und so weiter und meinetwegen auch die Chefs und Herren im Haus sein durften, ich würde ihnen ja nichts tun und auch nichts gegen sie unternehmen, aber ich sagte ihnen auch, dass ich auch nichts dafür konnte und jetzt halt nun mal hier war. Ich wollte ihnen nichts tun und sie sollten mir halt auch nichts tun und mich einfach nur in Ruhe schlafen lassen, weil ich ja arbeiten müsse. Ich wollte ihnen ja auch nichts Böses und hätte auch keine

Angst vor ihnen, hätte sie aber akzeptiert und respektiert, aber sie sollten mich wenigstens schlafen lassen, dass ich am nächsten Tag wieder arbeiten könne. Mehr wollte ich ja gar nicht. Ich hatte auch nicht damit gerechnet, dass sie darauf reagieren würden, aber das taten sie. Ich war wirklich echt erstaunt und heilfroh, denn dieses oder diese Wesen ließen mich tatsächlich ab diesen Moment in Ruhe schlafen. Man kann sich das kaum vorstellen, aber für mich war es eine unglaubliche Erleichterung nach Monaten, Wochen und Tagen überhaupt einmal wieder, richtig gut zu schlafen und ausgeruht zu sein und das sogar ganz ohne Suff und somit auch ohne den darauffolgenden Kater. Das Zulassen und Erdulden dieses Geistes, sowie das Akzeptieren und Arrangieren mit ihm, sowie der legendäre Ron Jeremy und der FC Bayern brachten mir sozusagen die Normalität und somit das Leben zurück.

13. Erst kam Anfüte und Lukas, aber das Beste kommt ja bekanntlich zum Schluss.... Silvia mein Eheweibchen....

Durch die Einsamkeit zu gehen ist härter als wie durch die Hölle zu gehen, denn in der Hölle hat man wenigstens Feuer und Wärme und wahrscheinlich ist man da nicht allein, aber in der Einsamkeit hat man nicht einmal Das. In der Einsamkeit gibt es nur Kälte und Du bist von allen verlassen und komplett alleine mit deiner Kälte. Also nahm ich mir vor, mir meine Liebe und Wärme zu erhalten und vielleicht selbst welche zu verteilen, denn wo Liebe ist, ist auch Wärme, und wo Wärme ist, versammeln sich Menschen und wo sich Menschen versammeln, kann Liebe entstehen. Das war meine Hoffnung aber auch eine gar nicht so leichte Aufgabe und noch ein langer harter Weg. Also suchte ich in meiner Freizeit die Umgebung von Menschen. Ich tingelte durch Kneipen, Bars und Diskotheken und versuchte mit Leuten ins Gespräch zu kommen, was für einen Sachsenossi gar nicht mal so leicht war in Oberbayern. Vorurteile gabs natürlich auf beiden Seiten, aber ich fand, es war schon schwierig für mich, zu zeigen, dass ich eigentlich ein ganz normaler und netter Mensch war, der bereit war Liebe zu verschenken und selbstverständlich auch zu empfangen. Eines Abends, lernte ich in einer Diskothek ein junges Pärchen kennen. Natürlich war mal wieder Depeche Mode hilfreich, denn bei dem augenscheinlich jüngeren Publikum, welches sich in großer Überzahl in dieser Disco befand, war Depeche Mode wohl nicht ganz so bekannt. Ich kam mir schon anfangs etwas doof vor, so ganz alleine auf der Tanzfläche und trotz meiner versuchten Davedancingmoves kam nicht so recht Stimmung auf, aber siehe da, plötzlich gesellte sich ein junges Paar zu mir und tanzte fröhlich und begeistert mit. Nach und nach wurden es immer mehr Leute, auch jüngere und die Tanzfläche war plötzlich voll. Irgendwie kam ich ins Gespräch mit dem jungen Pärchen. Sie erkannten, dass ich Depeche Mode mochte und daher nicht mehr zum ganz jungen Publikum zählte und an meinem Dialekt erkannten sie meine Herkunft. Ossis und Depeche Mode, das passte einfach. Die beiden hießen Nicole und Frank. Sie kamen aus Mecklenburg Vorpommern. Sie waren zwar jünger als ich, aber auch nicht mehr die jüngsten. Da wir in unserem Gespräch feststellten, dass wir ähnliche Vergangenheiten und Interessen hatten, beschlossen wir uns öfters zu treffen und etwas zusammen zu machen und zu unternehmen. Das taten wir dann auch und wir hatten eigentlich ziemlich Spaß und Gaudi miteinander. Irgendwann fiel ihnen auf, dass ich ja gar kein Mädchen an meiner Seite hatte. Sie sprachen mich darauf an und ich erzählte ihnen die Kurzfassung meiner Geschichte und dass ich mich schon auch ein bisschen einsam fühlte. Da erinnerte sich Frank plötzlich, dass er ja eine Schwester hatte, die auch einsam war. Er erzählte mir davon und so kam es wie es kommen musste, ich lernte seine Schwester kennen und wir wurden ein Paar. Sie war eigentlich ganz nett und wir verstanden uns ja auch meistens ganz gut aber wie das nun mal bei verkuppelten Beziehungen ist, wollte so richtig der Funke nicht überspringen. Ich glaube, dass wir beide nur aus Einsamkeit zusammen waren. Wir merkten das schon irgendwann, das wir eigentlich nicht so richtig zusammen passten aber irgendwie hielt uns die Angst, vor dem erneutem Alleinsein zusammen. Aber auf Dauer ging das halt doch nicht und wir trennten uns, blieben aber in Kontakt und falls wieder einer von uns beiden war, machten wir halt wieder etwas zusammen. Wir hatten dann irgendwann wieder die Idee, es noch einmal zusammen zu probieren. Bei dieser Idee, es war die Silvesternacht von 2004 auf 2005, entstand dann unser Sohn Lukas, klar nach

Lukas dem Lokführer benannt. Aber leider schützte auch die gemeinsame Liebe zu einem gemeinsamen Kind nicht davor, dass die Beziehung zueinander selbst auseinander ging. zumindest hatten wir es versucht, aus Einsamkeit, Liebe werden zu lassen,

aber es ist dann am Ende doch wieder nur Einsamkeit geworden. Denn an meinem zweiunddreißigsten Geburtstag besuchten uns, zumindest für mich überraschend, Annettes Eltern. Annette ist die Mutter von Lukas, sie war also meine damalige Beziehung, zumindest bis zu diesem Tag. Ich wusste bis zu diesem Zeitpunkt überhaupt nicht, dass sie uns besuchen wollten und auch nichts von dem Plan, den sie vorhatten. Nach unserer kleinen Geburtstagsfeier, teilten sie mir geschlossen mit, dass sie mit Annette und Lukas am nächsten Tag zusammen nach Mecklenburg Vorpommern zurückreisen würden, welches mit über achthundert Kilometern nochmal über vierhundert Kilometer weiter weg war wie der Wohnort meiner Tochter. Sie versuchten mir auch klarzumachen, dass Annette zusammen mit Lukas dortbleiben würden und somit machten sie mir, das bis dahin beschissenste Geburtstagsgeschenk, denn es war der letzte Tag an dem ich mit meinem Sohn, dessen Geburt mich ein erneutes Mal richtig stolz machte, unter einem Dach wohnte. Ich war wirklich stolz auf ihn, denn ich hatte mir immer einen Sohn gewünscht. Ich war auch bei seiner Geburt und die kompletten, anstrengenden und endlos erscheinenden zweiundsiebzig Stunden Wehen dabei und ich zerschnitt, voller Stolz und mit Tränen der Erleichterung einen gesunden Sohn und wohlaufen Mutter, die Nabelschnur. Wow, was für ein Moment. Das Bewusstsein Leben geschaffen zu haben, verändert einen Menschen total und gab mir ein gewisses

Verantwortungsbewusstsein und ein besonderes Gefühl der Erhabenheit und genau das wurde mir in diesem Moment bewusst. Aber was nützte mir dieser eine, kurze, vergangene aber dennoch schöne Moment, wenn ich jetzt wieder auf Dauer alleine, ohne Beziehung, ohne Kind, also Liebe, dastand. Mein Handy nannte Annette, aufgrund eines Tippfehlers von mir auf der damals noch etwas umständlichen Telefontastatur, lustigerweise Anfüte. Am nächsten Tag, als ich gerade auf dem Heimweg war, und ich hatte extra etwas eher nach Hause dürfen, zeigte mir mein Handy, dass Anfüte anrief. Ich ging ran und sie teilten mir mit sie sind gerade fertig und fahren jetzt los und sie wollte sich bei mir noch verabschieden. Dieser Anruf traf mich wie eine Gewehrkugel, voll ins Herz.

Ich konnte mich nicht einmal richtig von meinem Sohn verabschieden oder ihn noch einmal sehen.

Ich war zwar schon fast zuhause vor der Tür, aber ich war trotzdem zu spät. Denn genau als ich in die Einfahrt einbog kam mir ein Lieferwagen, welcher heimlich die ganze Nacht, unauffällig um die Ecke geparkt war, entgegen. Drinnen sah ich Anfütes Eltern sitzen. Annette selbst, musste schon einen Augenblick eher losgefahren sein, denn sie und Lukas habe ich nicht mehr gesehen. Sie hätten mich ruhig, mich von meinen Sohn, verabschieden lassen können. Ich hätte ihn gern an diesem Tag noch mal gesehen, lieb gedrückt und auf Wiedersehen gesagt oder ein Wiedersehen versprochen. Schon allein, dass mir dieser Moment genommen wurde war eine Frechheit, aber es kam noch schlimmer. Als ich die Wohnung betrat, war nichts mehr so wie es war. Nicht das ich ihr das ein oder andere

Möbelstück nicht gegönnt hätte, nein das war doch klar. Sie als alleinerziehende junge Mutter, ohne

Job und so weiter, wie hätte sie sich das denn alles erschaffen sollen. Mir hat eine Gabel oder ein

Teller oder einen Stuhl mehr oder weniger hätten mir nicht weh getan, aber sie hat nicht ein einziges

Foto, nicht das kleinste Erinnerungsstück, nicht die aller kleinste Kleinigkeit, nicht mal ein benutztes Feuchttuch vom Windelwechseln, also absolut nichts, was mich hätte an Lukas erinnern können, für mich zurückgelassen. Das war eigentlich die noch größere Frechheit. Naja wie gesagt, das mit Anfüte und mir hat halt einfach nicht gepasst. Aber unser Sohn war und ist toll und wir sind, so glaube ich zumindest, beide richtig stolz auf unser Kind. Lukas war wahrscheinlich das einzig Gute oder besser, das Beste, was wir in unserer komplizierten Beziehung gemacht hatten. Aber ich, hatte ich etwa schon wieder versagt. Als Beziehungsmensch und als Familienvater anscheinend schon, deshalb machte ich mir schon auch selbst Vorwürfe und ich dachte, dass ich vielleicht auch nur zu doof war für eine Beziehung und als Vater und dass ich vielleicht gar keine Liebe verdient hätte. Aber Jeder Mensch hat doch irgendwie Liebe verdient, oder? Ich beschloss von nun an, erstmal nicht mehr nach Liebe oder Beziehungen zu suchen. Ich wollte von nun an, erstmal alles auf mich zukommen und das Leben ohne " i ", einfach laufen lassen. So konzentrierte ich mich auf meine Arbeit, ein bisschen Sport und Spaß und auf meine Privatinsolvenz, in die ich mittlerweile geraten war, verursacht durch meine eigenen Fehler und Fehler welche in meinen vorherigen Beziehungen unter anderen von mir gemacht wurden. Ich zog erstmal zu Michi, meinem Arbeitskollegen, welcher mittlerweile ein echt richtig guter Freund geworden war, und wir machten für ca. drei vier Monate eine Art WG. Gut, Privatsphäre hatte ich zwar keine, aber es war ja eh nur vorübergehend bis ich eine eigene, kleine, bezahlbare Wohnung für mich fand. Mir reichte ein Einzimmerapartment, da ich erstmal nur für mich plante, weil ich mir einredete, dass ich sowieso nicht von Liebes- oder Partnerglück gesegnet war und ich somit nur ein kleines Nest für mich selbst brauchte. Ich fand dies Wohnung und zog dort ein. Es war wirklich eine sehr kleine Wohnung, gerade einmal sechsundzwanzig Quadratmeter klein. Das Gefühle war noch erdrückender und ich fühlte mich noch einsamer und alleine wie vor Anfüte, nur dass ich diesmal keinen Geist in der Wohnung hatte und somit total und gänzlich alleine war. Ich versuchte so wenig wie nur möglich zuhause zu sein und trieb mich meistens abends wieder in irgendwelchen Kneipen und Bars rum, aber das machte mich auch irgendwie nicht glücklich und vor allem so richtig große Sausen konnte ich sowieso nicht machen, da ich ja in Privatinsolvenz war und wollte dies unbedingt bewältigen und auch alle meine Schulden zurückzahlen. Ich arbeitete mittlerweile mit Michi in einem kleinen Edeka-Laden im Ort. Dort verbrachte ich auch die meiste Zeit am Tag. Ja Arbeiten konnte ich schon immer und die Kundschaft hat mich auch immer gemocht. Das beruhte auch irgendwie auf Gegenseitigkeit, weil mir halt mein Job auch immer Spaßgemacht hatte, weil ich auch immer versuchte das Beste zugeben und das merkte die Kundschaft. Klar machte ich Werbung für meine Waren, aber ich erzählte ihnen keine Werbelügen, sondern sagte ehrlich was ich ihnen empfehlen konnte, was ich für gut befand, denn nur was man selber wirklich und echt für gut befindet, kann man auch überzeugend jemand anderes rüberbringen oder empfehlen. Auch meine Hilfsbereitschaft und Nettigkeit fiel der Kundschaft auf und so entstanden so etwas wie kleinere Bekanntschaften, welche aber über diverse Kundengespräche nicht hinaus gingen und nicht ins private abdrifteten, meistens zumindest. Eines Tages kam wieder diese tolle wunderhübsche Frau mit dem gigantisch geilen Hinterteil. Sie zog immer so enge Figur- in dem Fall Arschbetonte Jeanshosen an uns sah darin immer extremst heiß und sexy aus. Mir wurde immer ganz anders und irgendwie komisch, wenn sie zum Einkaufen kam. Ich wurde jedes Mal so verlegen und musste sie dauernd anstarren. Ich konnte ja nicht ahnen und traute es mich kaum zu träumen, dass sie mal diese eine, diese eine Frau und zwar mit italienischen Wurzeln und Temperament sein würde, welche mit mir zusammen das " i " ins Leben brachte. Ich erfuhr ihren Namen, der lautete Silvia Bollara. Wow, schon alleine für diesen Namen hätte ich sie heiraten können und erst ihr hübsches Gesicht und die Figur mit dem auffällig extrem sexy heißen Hinterteil, wo selbst Shakira und Jennifer Lopez vor Neid explodieren würden. Sie war zu diesem Zeitpunkt mit dem Bruder meines Chefs zusammen und da ich auch mit ihm relativ gut befreundet oder bekannt war und mit ihm öfters zum FC Bayern schauen und Dart in die Kneipe neben an oder zu ihnen nach Hause ging, lernte ich sie etwas näher kennen. Man konnte es sehen und förmlich spüren wie es damals eigentlich schon zwischen und knisterte und die Funken sprühten. Es knisterte meiner Meinung nach so laut, dass man meinen konnte hier werden eine Millionen Chipstüten gleichzeitig geöffnet und gegessen. Eines Tages kam Silvia zu mir an die Fleischtheke. Ich hatte erfahren, dass sie sich mittlerweile von ihrem damaligen Freund getrennt hatte. Sie war etwas verlegen und druckste irgendwie rum. Man merkte das es ihr unangenehm war. So hatte ich sie eigentlich noch nie gesehen. Sie kam normalerweise, immer fröhlich lächeln und gut gelaunt in den Laden und oftmals auch verfolgt, von einer Horde Kinder aus der Nachbarschaft, welche damals gut mit ihrem jüngsten Sohn Julian befreundet waren. Sie versorgte dann immer diese Kids mit Süßigkeiten, Eis oder Limonade. Sie machte irgendwie den Eindruck, als wäre sie die gute Seele aller dieser Kinder. Es war immer, ein eigentlich schön und lieb anzusehendes Schauspiel wenn sie kam. Jedes Mal hatte sie für alle dies Kids etwas übrig und das obwohl, wie ich erfahren hatte sie selbst sehr zu kämpfen hatte, um zurecht und auszukommen. Auch diesmal war es für mich wieder eine riesige Freude sie zu sehen, und das nicht nur wegen ihrem Hinterteil. Ich hatte sie, auch durch ihre liebevolle und reizende nette Art, ins Herz geschlossen. Sie erzählte mir, dass es ihr sehr peinlich sei mich anzusprechen, aber nicht wegen mir, schließlich beruhten unsere Sympathien und Gefühle für einander, anscheinend auf Gegenseitigkeit. Nein, vielmehr war ihr der Grund ihres Anliegens peinlich und ich merkte, dass sie sehr verzweifelt war und fast schon mit den Tränen rang. Sie fragte mich, ob sie mal mit mir unter vier Augen sprechen könnte. Ich war etwas verlegen und wusste nicht, was sie wohl von mir wollte. Klar sagte ich, dass sie das dürfte und ein bisschen hatte ich auch im Hinterkopf, vielleicht ein Date mit ihr auszumachen. Aber ich irrte mich, zumindest fürs Erste. Ich ging mit ihr zwischen zwei Lebensmittelregale und man merkte wirklich, dass es ihr sichtlich unangenehm war und sie wollte irgendwie nicht gesehen werden. Dann kam sie mir plötzlich, mit ihrem Gesicht, sehr, sehr nahe. Ich war etwas irritiert und mir wurde unheimlich heiß und mir stockte der Atem. Sie stellte sich auf ihre Zehenspitzen hielt sich leicht an mir fest und flüsterte mir etwas ins Ohr. Es war nicht das, was ich erwartete aber sie hatte damit trotzdem mein Herz erweicht und wie Schokolade bei dreißig Grad in der Sonne, zum Schmelzen gebracht. Ich wusste ja, dass sie eine alleinerziehende Mutter zweier Jungs war und arbeitsuchend und da konnten schon mal Geldsorgen entstehen. Ich sah sie immer wie sie sich auch um andere kümmerte, freundlich war zu Jedermann und wenn sie Süßigkeiten oder Eis und so weiter für ihren Jüngsten kaufte, hatte sie immer für alle Kinder, die er dann noch so im Schlepptau hatte, auch eins übrig. Also sie hatte ein enorm großes Herz, und meins sowieso schon längst erobert. Sie fragte mich ob ich ihr vielleicht zehn Euro bis zum Ende des Monats leihen könnte, dann bekäme sie wieder ihre nächste Unterstützung vom Amt. Ich wusste in dem Moment gar nicht, ob ich jetzt vor Mitgefühl gleich mit heulen anfangen sollte, denn irgendwie steckte schon ein Kloß bei mir im Hals. Ich hatte echtes und ernsthaftes Mitleid mit ihr und ihrer Situation und hatte auch schon mitbekommen, dass ihr vorheriger Freund sie kaum unterstützte und das einfache Leben in ihrer Wohnung zelebrierte. Diesen hatte sie nun verlassen, aber ihre finanziellen Probleme wurden, zumindest für diesen Moment, nicht geringer. Es war für mich eine Selbstverständlichkeit, ihr zu helfen. Ich schaute in meinen Geldbeutel, wieviel ich da drin hatte. Es war ein Zwanzig-Euro-Schein.

Ich gab ihr den Geldschein und sagte ihr, dass das so passt und sie ihn mir nicht zurückgeben braucht. Denn ich hatte so für mich beschlossen, dass so eine tolle Frau, die für alle und jeden da ist und selbst versucht immer allen Menschen zu helfen und glücklich zu machen, so dass man immer ein Lächeln auf den Lippen hat, wenn man ihr begegnet, nie wieder irgendjemanden nach Geld fragen muss, nur um für ihre Kinder und für sich etwas zu Essen kaufen zu können. Jeder Mensch sollte zumindest so viel haben, dass er nicht hungern muss, und vor allen nicht, so ein toller Mensch, der jedem Freude macht und selber von dem Wenigen, was er besitzt abgibt und teilt. Das ging mir so nahe und ich fand es eine Schande, dass es im zwanzigsten Jahrhundert, es immer noch Menschen gibt, nicht nur auf der ganzen Welt, sondern in einem so reichen Land wie Deutschland, welche nicht einmal genug zu Essen haben. Sie wollte mich, zum Dank, gerne einmal auf einen Kaffee einladen, doch es kam ein kleines bisschen anders. Zwei Tage später kam sie wieder im Laden vorbei, ich dachte jetzt kommt die Einladung zum Kaffee, aber sie hatte ein ganz anderes Anliegen. Ihr jüngster Sohn hatte ein Fahrrad, leider war es kaputt. Es hatte einen Platten, die Kette sprang immer raus und das Licht ging nicht. Sie fragte mich ob ich ihr eventuell helfen könnte, denn es war Ende Mai, das Wetter war warm und die Kids wollten raus und mit den Fahrrädern herumkurven. Klar sagte ich ja und sie merkte auch, dass ich anscheinend wirkliches Interesse an ihr hatte. Einen Tag später trafen wir uns bei Ihr vor dem Haus. Sie fragte mich ob ich vielleicht, bevor ich mich dem Fahrrad widme, etwas trinken möchte, einen Kaffee oder ähnliches. Ich verneinte und sagte: " Erst die Arbeit, dann das Vergnügen ". Nach einem freundlichen und lächelnden OK, holte sie das Gefährt. Naja, es war kein besonderes Fahrrad, aber es war halt beim Nachwuchs heiß begehrt und immens wichtig und für ihn halt doch etwas Be-sonderes und der wichtige Anschluss und Standard, um mit seinen Freunden in der Nachbarschaft etwas unternehmen zu können. Ich sah mir das Objekt der Begierde an und es war wirklich einiges daran zu richten. Dann machten wir zwei uns auf den Weg in einen Nachbarort, wo ein großes lokales Fahrradgeschäft sich befand. Wir kauften das benötigte Zubehör, ich glaube, ich legte auch eine Kleinigkeit dazu, da ich ja die finanzielle Situation von meinem

Objekt der Begierde kannte. Dann gingen wir zum Bahnhof zurück, um mit der Nächsten Bahn wieder nach Hause zu fahren. Es war unglaublich heiß. Ich weiß gar nicht, ob das an ihr lag, weil sie mal wieder unglaublich heiß und hinreisend aussah. Wir hielten uns, bis zum Erscheinen der Bahn, in der Bahnhofsunterführung auf, weil es dort schön schattig und erfrischend kühl und angenehm war. Man merkte ihr an, dass es ihr anscheinend genauso heiß war, wie mir. Wir tranken aus der selben Wasserflasche, welche wir uns unterwegs gekauft hatten und sahen uns dabei, ziemlich vielsagend, in die Augen. Es war so etwas wie dieser eine gewisse magische Moment, wo die extrem verliebten Spannungsblitze, so laut knisterten, dass man sie schon fast hören konnte. Wir hielten uns auch die Hände und kamen uns ziemlich nahe, aber ließen uns noch so viel Platz, dass es zu keinem Kuss kam, noch nicht. Ich dachte mir schon: " Jaja, erst die Arbeit, dann das Vergnügen ". Aber ich wollte ihr ja eigentlich auch nicht deshalb helfen, um danach selbst etwas zu bekommen, sondern einfach nur, weil ich es gerne für sie und ihren Jüngsten, machen wollte und sie mir schon unheimlich ans Herz gewachsen war. Außerdem wollte ich auch nicht als der prollige Weiberheld dastehen, der jede Situation ausnutzt und nur auf das Eine aus ist. Nach diesen ziemlich heißen, fast schon erotischen Moment, kam endlich oder leider, unsere Bahn. wir fuhren zu ihr heim und dort angekommen, machte ich mich sofort an die Arbeit und reparierte das Fahrrad. Nachdem dies erledigt war und ihr

Junior freudestrahlend mit seinen Kumpels davon radelte, strahlte auch sie wieder wie die liebe Sonne. So, jetzt bestand sie auf den versprochenen Kaffee. Ich nahm dankend an und wie unterhielten uns noch ziemlich lange und das aber sehr zwang und belanglos. Es war auch nichts großes Flirtendes dabei. Klar, ich baggerte schon ein wenig, wollte aber ihren Respekt und Stolz und Selbstwert nicht beschädigen und hielt mich auch ein bisschen zurück, da ich merkte, dass sie noch etwas verunsichert wirkte. Denn alles was man irgendwie mit Gewalt übern Zaun bricht, bekommt meistens ein paar Schrammen und ich wollte nichts mit Schrammen. Ich wollte, dass es perfekt wird, denn ich hatte wieder Mut und die Hoffnung auf ein Leben mit " i ", Lieben. Außerdem wollte ich auch nicht, durch irgendein aufdringliches Verhalten, etwas zerstören, bevor es angefangen hat. Ich merkte, dass sie sich damit auch ganz gut fühlte und ihr das ganz angenehm so war. Nach einem langen und ausgiebigen Kaffeeklatsch überkam uns so langsam der Hunger und ich schlug ihr vor, dass ich ja etwas für alle kochen könne, was ich sehr gerne tat. Sie empfand das als eine gute Idee. Ich wollte, für sie als Halbitalienerin, Spaghetti Carbonara kochen und zwar so wie es die Italiener machen, nämlich ohne Sahne, nur mit Spaghetti, Speck, Ei und italienischen Hartkäse. Das ist ziemlich einfach und schnell zubereitet, aber es schmeckt einfach hammerlecker und ich wollte ihr auch ein bisschen imponieren, dass ich für sie italienisch kochte. Während des Kochens, unterhielten wir uns natürlich weiter und sie grinste mich die ganze Zeit über genüsslich an. Dann fasste ich doch all meinen Mut zusammen und machte ihr meine Aufwartung indem ich ihr sagte, dass ich gerne dafür sorgen Möchte, dass sie sich nie wieder Gedanken machen müsste, ob etwas zu essen zuhause ist. Vielleicht könne ich ihr kein Märchenschloss, ein Pferd, einen Ferrari oder eine Weltreise versprechen, aber ich würde mich darum kümmern, dass wenigstens immer etwas zu Essen im Haus wäre und sie niemals wieder hungern müsse oder sich ein paar Euros irgendwo borgen müsse, damit sie für sich und ihre Familie etwas zu Essen kaufen könne. Die Gedanken, Ängste und Sorgen, so versprach ich, sollten mit mir an ihrer Seite, der Vergangenheit angehören. Sie schmunzelte mich zwar liebevoll an, ging aber nicht näher auf meine vielleicht einfache, aber durchaus ernst gemeinte Bemühung um eine Beziehung mit ihr, ein. Dann aßen wir alle gemeinsam, sie, ihre Beiden Söhne und ich und ließen dann den Abend, fröhlich und viel lachend bei in paar Dartmatches ausklingen. Dann ging ich, schmunzelnd und an den schönen Tag denkend nach Hause. Ich merkte, dass ich total verliebt war und dass so wie dieser Nachmittag und Abend gelaufen war, ich mir ein Familienleben vorstellte. Am nächsten Abend war ein kleineres Fest im Ort. Ich war dort mit einem Bekannten verabredet und wir trafen uns auf ein paar Bierchen und einem guten Gespräch. Dieses Gespräch dauerte dann am Ende bis in die ersten frühen Morgenstunden und irgendwie sind wir auf dem Heimweg am Haus meiner angebeteten vorbeigekommen. Es war schon fast richtig hell und der Sonnenaufgang schon voll im Gange. Irgendwie spiegelten sich die ersten Sonnenstrahlen, als wäre es ein Zeichen von oben, ausgerechnet im Küchenfenster von meinem hübschen, halbsizilianischen Traum von einer Frau. Ich dachte mir: " Hey, da brennt ja schon Licht, vielleicht ist sie ja schon wach, ich ruf gleich mal an, dass ich gerade zufällig bei ihr vor dem Fenster stehe und ich einem morgendlichen Kaffee nichts entgegen zu setzen hätte.". Ich rief sie an und nach zirka einminütigen Klingeln ging sie, wenn auch etwas verschlafen, ans Handy. Sie war etwas überrumpelt und sagte, zu meiner Überraschung, erstaunlicherweise zu. Sie hätte auch die Polizei rufen können, dass sich bei Ihr unterm Fenster ein nerviger Stalker befindet, was sie glücklicherweise nicht tat. Dann ging ich zu ihr und klingelte an der Tür. Sie öffnete die Haustür, dann ging ich in den dritten Stock wo sie wohnte. Ich wartete kurz, dann klingelte ich erneut und sie öffnete noch etwas verschlafen die Wohnungstür. Fast überfallartig und noch zwischen Tür und Angel, küsste ich sie ziemlich heftig und leidenschaftlich. Sie hielt mich zurück und sagte: " Hey!...". Ich dachte: " Oh, Scheiße, jetzt hab ich es wohl übertrieben. Hoffentlich klatscht sie mir jetzt nicht eine und schmeißt mich wieder raus. ". Aber dem " Hey! " folgte ein: " ...komm nur erst einmal rein...". Ich kam rein und es folgte eine aufregende und leidenschaftliche, heiße Nacht. Geweckt wurden wir dann, als plötzlich fast zeitgleich, ihr Kater Peppino und ihr jüngster Sohn, unser oder besser gesagt ihr Bett, stürmten. Etwas verwundert und lustig, stellten beide fest, dass Silvia nicht alleine darin lag und genauso lustig empfanden wir die erstaunten und lustigen Reaktionen der beiden. Am Ende fanden wir alle vier das lustig. Es schien so, als müsste sogar der Kater lachen. Danach frühstückten wir alle gemeinsam. Wir verstanden uns eigentlich alle ganz gut und hatten viel zu erzählen und zu lachen an diesem Morgen. Irgendwie spürte ich, dass mir das total gefiel und ich total glücklich und unbeschwert war. Es war genau das Gefühl, wonach ich immer gesucht hatte, sich wohl und angekommen und angenommen zu fühlen. Es lag irgendwie genau das in der Luft was ich Leben mit " i " nannte, Liebe. Als ich dann nach dem Frühstück Silvia sagte, dass ich jetzt nach Hause muss, merkte ich wie sich ihr fröhliches Gesicht, in ein verwundertes Gesicht verwandelte. Sie sagte dann: " Wenn Du willst, kannst Du dir gerne Klamotten von deinem bisherigen zu Hause holen, aber ich lass Dich hier nicht mehr weg, denn das hier ist jetzt dein neues zu Hause! Wage es ja nicht zu wiedersprechen! ". Danach mussten wir beide lachen küssten uns liebevoll und zwar so, als wären wir schon seit Jahren ein Paar. Irgendwie fühlte es sich für mich auch so an. Wahrscheinlich deshalb, weil ich jetzt endlich genau das fühlte, wonach ich seit Jahren oder besser seit immer schon, suchte: Lebe und Leben mit " i ", Liebe und lieben. Dieses Gefühl, hatte sich bis heute nie verändert, nur soweit, dass es immer stärker wurde und sich richtig und richtig gut anfühlte. Selbstverständlich gehorchte ich und holte mir nur meine Sachen und blieb von da an, genau da wo ich hingehörte, nämlich in meinem neuen zu Hause, bei meinem neuen Schatz, welche ich von nun an liebevoll " mein Weibchen " nannte. Unsere Beziehung war und ist immer noch, vor allem liebevoll, heftig und ziemlich leidenschaftlich. Bei uns kracht und scheppert es und zwar in guten wie in schlechten Zeiten. Wir unterstützten uns immer gegenseitig, wir liebten und wir lieben uns leidenschaftlich, genauso streiten wir auch leidenschaftlich. Es ist aber genauso wie ich es immer wollte, ehrlich. Wenn wir Lustig waren lachten wir, wenn wir traurig waren heulten wir, wenn wir sauer auf einander waren stritten wir und wenn wir geil waren auf einander, liebten wir uns leidenschaftlich. Genau so, wie es sein sollte und genau so, wie ich es immer wollte. Die

Italienerin an meiner Seite, mit ihren ehrlichen und immer leidenschaftlichen Gefühlen und Emotionen, welche mich ohne irgendwelche Vorbehalte so nimmt und liebt wie ich bin, mit allen meinen komplizierten Macken. Es war nur eine Frage der Zeit, bis wir heirateten. Wir planten alles gemeinsam alleine, weil wir es genau so wollten, wie wir es eben so wollten, in genau dem Tempo, in genau dem Umfang, mit genau dem Brautkleid, mit genau der Torte, mit genau den Gästen und mit genau dem Budget und genau in dem Rahmen. Den Bürgermeister unserer Gemeinde fragte ich bei einer Leberkässemmel, welche er sich oftmals bei mir im Laden holte, welcher genau gegenüber vom Rathaus war, ob er uns trauen könnte und ich vereinbarte gleich einen standesamtlichen Termin mit ihm. Unsere Hochzeit verlief dann auch so, wie wir uns das vorgestellt hatten. Es war wunderschön und alles lief nach Plan. Das Kleid passte, das Essen schmeckte, die Torte war der Hammer und alle Geschwister und Eltern waren dabei und es haben sich alle verstanden und viel erzählt, gelacht und gefeiert. Für mich war es bisher, einer der glücklichsten Tage meines Lebens, wenn nicht sogar der glücklichste. Ich glaube ich habe in meinem ganzen Leben noch nie so viel geküsst, wie an diesem Tag. Endlich hatte ich mein liebes Eheweibchen, endlich hatte ich auch mal Glück und endlich hatte ich ehrliches Leben und vor allem ehrliches Leben mit " i ", ehrliches Lieben.

14. ...Ich hatte nur gerade eben mal ein bisschen Glück....

Es gibt viele gute und unglaublich coole Sprüche über Lokführer und ich liebe sie alle, vor allem deshalb, weil ich mich so fühle, als wenn sie alle wahr wären. Aber bis es soweit war, dass ich zu dieser Berufsgruppe der coolsten Säue des Universums gehörte, war es noch ein langer Weg. Seit ich ein kleiner Junge war, wollte ich diesen Weg gehen. Egal wie steinig, steil, hart und lang dieser Weg werden würde, ich wollte ihn gehen und zwar bis ans Ziel. Ich musste nur wissen wo die

Weggabelung war, an der ich auf den richtigen Weg abbiegen konnte. Meine Liebe als Mensch hatte ich nun schon glücklicherweise gefunden. Die für mich bis heute noch tollste Frau des Universums, hatte ausgerechnet mich geheiratet und mich mit ihrer uneingeschränkten und endlosen und unglaublich besonderen Liebe und Güte, Emotionalität und Ehrlichkeit glücklich gemacht und mir genau das gegeben, wonach ich immer gesucht hatte und wovon ich glaubte, es nie zu verdienen oder es nie zu bekommen, Lebe und Leben mit " i ", Liebe und Lieben. Mehr kann ein Mensch, so glaube ich zumindest, nicht Glück haben oder zumindest konnte ich mir nicht vorstellen, dass es noch ein größeres Glück geben könnte. Jetzt musste ich nur noch alles perfekt gestalten. Klar würde es nicht immer einfach werden, aber ich wusste ja, wenn ich selbst all meine Liebe und Wärme investieren würde, auch nur dann kann ich das Selbstverständnis und die Möglichkeit entwickeln, selbst Liebe zu empfangen. Jetzt hatte ich eigentlich schon fast alles und die besten Voraussetzungen für ein besseres und glücklicheres Leben und ich wusste ich war vielleicht nicht der hübscheste, klügste, beste oder " Viertelmeter in der Hose Mann ", aber ich konnte , so wie es meine Großmutter väterlicherseits immer mahnte, wenigstens selbst versuchen, wenigstens ein kleines bisschen Mensch zu sein. Und ich wollte ein guter Mensch sein und klar klappte das nicht immer, aber im Großen und Ganzen lief es ganz gut. Eine Sache konnte ich mir nie abgewöhnen, das zeichnete auch irgendwie mein Wesen aus und war und ist im Grunde und in der richtigen Dosis, ja auch nichts Schlimmes, sondern eher sogar etwas Gutes. Mich um meine Familie und um meine unglaublich tolle Frau zu kümmern, so dass wir ein Auskommen hatten und immer genug zu Essen für sie und ihre Familie da war, so wie ich es ihr von Anfang an versprach, dass sah ich als meine wichtigste Aufgabe. Aber diesmal wollte ich nicht schon wieder den selben Fehler machen, wie in meiner ersten Ehe. Ich wollte ihr auch die schönen und gemeinsamen Zeiten, sich auch wohlzufühlen und Glücksmomente zu erleben schenken, so wie sie es auch verdient hatte, nämlich Glücksmomente zu erleben. Ich arbeitete viel, so wie man es ja auch von mir nicht anders kannte und ich investierte alles in meine Familie. Das Glück und das Auskommen meiner Familie stand bei mir immer an erster Stelle, sogar noch vor meinem eigenen Glück, denn nur wenn meine Frau und Kinder glücklich waren und auch nur dann, könnte ich auch glücklich sein und etwas bedeuten und mir selbst etwas wert sein. Aber ich verbrachte, diesmal auch mehr Zeit mit meinen Liebsten. Wir waren gerade einmal ein Jahr zusammen und meine Frau erzählte mir, dass sie schon seit fast genau dreißig Jahren, nicht mehr im Urlaub, geschweige dem, in ihrem geliebten Italien war und ihr jüngster Sohn war überhaupt noch nie im Urlaub. Diesen Wunsch wollte ich meiner geliebten, hübschen Ehefrau gerne erfüllen. Richtig viel Geld hatten wir nicht, da ich mich ja auch noch in

Privatinsolvenz befand, deshalb teilten wir uns die Kosten für den Urlaub mit ihrem ältesten Sohn, der selbstverständlich auch mitgefahren war und ein richtig guter und feiner Kerl ist. Es wurde zwar nicht Sizilien und auch nicht sehr lange. Nur eine Woche, aber es war Urlaub, es war Italien und es war schön. Den großen Max konnten wir auch nicht raushängen lassen, aber das wollte auch keiner von uns. Wir wollten einfach nur Urlaub machen, unsere Ruhe haben und das gute Essen, den Strand und das schöne Wetter genießen. Alles hatte gepasst. Wir waren in Bibione und es war genau so, wie es besser nicht hätte laufen können. Sogar das Wetter entwickelte sich so, als hätte Petrus selbst es extra nur für uns gemacht. Wir fuhren los, da hatte es noch geregnet, aber als wir sehr spät in unseren lang ersehnten Urlaubsort ankamen, und wir die Autotür öffneten, um das erste Mal italienischen Boden zu betreten, hörte es schlagartig mit regnen auf. Wir machten einen Strandspaziergang mitten in der Nacht. Es war Hammer und wir fühlten uns gleich wohl. wir genossen die ganze Zeit, jeden Tag, jede Stunde, jede Minute. Auch das richtig gute Essen, das Meer, den Strand und das unbeschreiblich schöne Wetter. Das Wetter hielt auch wirklich so lange aus und blieb schön, bis zum letzten Tag, zur letzten Stunde, zur letzten Minute, man konnte sogar sagen bis zur letzten Sekunde, denn genau als wir wieder ins Auto einstiegen um unsere Heimreise anzutreten, fing es wieder mit regnen an. Wie gesagt, es war fast so als hätte Petrus das Wetter höchst persönlich und extra nur für uns gemacht, oder Der Himmel Italiens weinte, weil wir schon wieder das Land verlassen und unseren Urlaub beenden mussten. Auch so, verbrachten wir viel gemeinsame Zeit. Wir fuhren öfters mal in die Berge, an den Chiemsee, in verschiedene Bäder, in den Olympiapark das ihr jüngster Sohn Trampolin springen konnte, auf Depeche Mode Konzerte, zu meinen Eltern, welche mittlerweile wieder nach Sachsen gezogen sind und so weiter, wir verbrachten einfach auch Zeit miteinander.

Klar, hätte man auch noch mehr machen können, aber es war zumindest überhaupt etwas Zeit miteinander. Es lief nicht immer alles reibungslos und harmonisch ab, auch nicht in unserer von tiefster Liebe und Emotionalität, geprägten Beziehung und es war auch nicht immer einfach mit mir, dem misstrauischen komplizierten und dem, von zum Teil auch von sich selbst aufgelegten Regeln zerfressenen Menschen. Es war aber auch nicht immer einfach für mich, in eine so emotionale Familie einzuheiraten und ich war nicht leibliche Vater ihrer Kinder und wir hatten auch kein gemeinsames Kind, was schon auch ab und zu Schwierigkeiten in der gegenseitigen Akzeptanz hervorrief. Aber es war immer mindestens so harmonisch und respektvoll, dass wir immer wieder auch durch eigene charakterliche Veränderungen, geschafft haben, unser Leben zu meistern und zusammenzuhalten und gute Lösungen, die dann für alle akzeptabel oder respektierbar waren. Liebe und Harmonie hielt sich so ziemlich, mit auch ab und zu mal Streit und Missverständnissen, die Waage. Uns war es am Ende aber immer am wichtigsten, dass der Zusammenhalt und das für einander da sein, immer an oberster Stelle steht und absolute

Priorität hatte. So machen wir das bis heute. Der Streit durfte nie so heftig sein, dass jemals unsere Beziehung oder die Familie in Gefahr gebracht werden könnte. So wie es halt auch in jeder funktionierenden Beziehung war, so war es auch bei uns, denn wir hatten uns etwas zu sagen.

Manchmal hatten wir uns ehr liebevolle und romantische Sachen zu sagen, manchmal hatten wir Probleme zu besprechen und manchmal hatten wir uns auch etwas laut zusagen, aber das allerwichtigste dabei war, wir redeten mit einander und hörten uns auch zu. Das gute dabei war, nicht nur dass wir uns zuhörten, wir versuchten das Gehörte auch zu verarbeiten und jeden respektvoll auch seine Meinung zu lassen oder auch mal dem anderen Recht zu geben. So hatten wir ein gut verträgliches Leben und konnten unsere Beziehung immer weiter festigen und entwickeln. Das fand ich im Nachhinein sogar ganz gut so, denn es war immer eine Entwicklung zu verspüren und zwar eine positive. Bei uns war es nicht so, dass schon gleich am Anfang alles Pulver der Liebe verschossen wurde und dann nach kurzem Glück, gleich wieder verpuffte. Nein, bei uns war immer eine stetige Entwicklung und ein immer mehr und festeres Zusammenwachsen. Liebe muss wachsen sagt man ja so, so wie ein kleines zartes Pflänzchen, wenn man dem richtig viel Zeit zur Entwicklung gibt und Pflege in Form von Liebe, Wärme und guter Nahrung, dann kann da ein richtig starker, allen Stürmen und Widrigkeiten trotzender, fast unverwundbarer und unsterblicher Baum entstehen der uralt werden kann. Ja, so haben wir mittlerweile einen richtig schönen und starken Baum der Liebe uns gezüchtet, welcher uns auch oft in seinem Schatten, der wichtige Rückzugsort, Ruhepol, Sammelpunkt und Tankstelle für Kraft und Zusammenhalt. Was jetzt noch fehlte, waren Schritte, welche uns unser Leben etwas einfacher, leichter und unbeschwerter und schöner machen könnte. Gerade jetzt half mir auch wieder ein Leitsatz von Oliver Kahn: " Wenn Du aufhörst etwas zu werden, fängst Du an nichts mehr zu sein " und sein unermüdliches " Weiter, immer Weiter! ". Unter anderem auch die Sätze trieben mich auch weiter und immer weiter an, um das Bestmöglichste für meine Familie und somit auch für mich zu erreichen. Ich habe nie aufgehört etwas zu werden. Weder ein besserer Familienvater, Ehemann und somit auch Mensch, denn das war auch bei mir ein Entwicklungsprozess und Erfahrungsschatz, den es für mich zu entdecken galt. Genauso wenig gab ich mich mit meiner beruflichen Entwicklung zufrieden. Auch hier wollte ich immer weiter und noch etwas werden. Den kleinen Edeka um die Ecke verlies ich nach sieben Jahren und wurde

Abteilungsleiter einer Metzgerei und Käseabteilung in einem Basic-Bio-Supermarkt. Das war schon mal ein immenser Schritt. Nicht nur dass ich dort mehr verdiente, denn mein bisheriger Arbeitgeber hatte trotz enormer Anstrengungen, Fleiß und Einsatz aller Mitarbeiter und der Chefriege selber, wirtschaftliche Probleme und ich sah die finanzielle Existenz meiner Familie gefährdet, falls ich ohne adäquaten Jobersatz, hätte zurechtkommen müssen. Basic investierte zu der damaligen Zeit enorm viel in die Weiterbildung und Qualifikation seiner Mitarbeiter, so kam auch ich in den Genuss so einiger Seminare, welche meinen Horizont und mein Wissen unheimlich erweiterten. Ich lernte nochmal enorm viel dazu. Bei Basic war nicht nur die Qualität der Waren absolute Spitzenklasse, sondern auch die Qualität der Angestellten und davon konnte jeder neue Mitarbeiter der dort frisch anfing, richtig viel profitieren und mitnehmen, so auch ich. Nach so etwa zwei Jahren bei Basic in der Münchener Innenstadt, in einer der exklusivsten Stadtteile nämlich in Schwabing, rief mich mein alter Freund und Exkollege und Vorgesetzter Michi an, ob ich nicht Bock hätte wieder mit ihm zusammen eine Metzgereiabteilung einer ziemlich lukrativen Edekafiliale zu leiten, weil er jemanden bräuchte, der ihn unterstützte, mit ihm an einen Strang zog, der ihn bei Abwesenheit eins zu eins ersetzen konnte, kurz um ,jemand auf den er sich verlassen konnte. Er meinte auch, dass ich mich mit meinen Ideen und Visionen, sowie dem bei Basic angeeigneten Wissen, frei entfalten könne, dass

wichtigste war nur, es müsste alles im Interesse der Kundschaft und im wirtschaftlichen Einvernehmen der Firma laufen. Ich überlegte nur kurz, da mich Michi noch nie irgendwo hineingeritten hatte und mich zu dem Zeitpunkt, die Filial- und Bezirksleitung etwas in Bezug auf ausreichende Mitarbeiter und Arbeitskräfte hängen lies und wenig unterstützte, ergriff ich die Möglichkeit, wieder mit meinem Spezl zusammen zu arbeiten. Auch hier verbesserte ich mich wieder finanziell und auch das Betriebsklima war super. Wir verstanden uns alle und der Ladeninhaber und Michi, ließen mich wirklich frei entfalten und die Kundschaft mochte mich auch. Das ging auch eigentlich die ganze Zeit gut, doch irgendetwas hatte immer gefehlt. Irgendwo saß bei mir im Unterbewusstsein, all die sechsundzwanzig Jahre, die ich bis dahin schon ununterbrochen arbeitete, ein kleiner Stachel, der mir die ganze Zeit immer wieder und stetig und ständig ins Herz pikste. Der Wunsch und der Wille, Lokführer zu werden war noch da und von Jahr zu Jahr, von Monat zu Monat, von Woche zu Woche, von Tag zu Tag, man konnte sogar fast sagen, von Stunde zu Stunde oder von Augenblick zu Augenblick, wurde dieser Wunsch und dieser Drang, endlich meinen Traumberuf doch noch irgendwie zu erlernen, immer größer und größer. Schon mehr als Zehn Jahre zuvor, erfuhr ich das die DB-Regio-S-Bahn München, Lokführer auch als Quereinsteiger sucht. Ich unterhielt mich oft darüber mit einem befreundeten Kunden aus meinem Wohnort, der schon seit ein paar Jahrzehnten dort als TF, TF bedeutet Triebfahrzeugführer, arbeitet. Er heißt Alfons und er war ein richtig feiner Kerl. Er war immer und zu jeden jemand, den man sich gerne als Freund und Kumpel wünscht. Ich lag ihm quasi ständig damit in den Ohren, dass das mein Kindheitstraum war und ich schon immer Lokführer werden wollte, aber das Schicksal und der Lauf der Dinge in meinem Leben, hatten mir einen Strich durch die Rechnung gemacht. Er sagte dann jedes Mal: " Mensch Marco, ja mach doch, wir suchen Leute. Du bist ein anständiger Kerl, du kannst arbeiten und ich höre dich ständig davon schwärmen, wie geil das doch wäre, selbst mal Lokführer zu sein und dass du schon immer davon geträumt hast. Mensch, Du solltest mir nicht nur immer davon vorjammern, wie toll das doch wäre, sondern einfach mal machen. Mensch Marco, Du bist doch sonst auch immer eher ein Macher und nicht nur Schwätzer und Jammerer. Bei uns ist es schön, du kannst meistens so arbeiten wie du magst, also Früh- oder Spät- oder Nachtschichten, meistens bekommst du die Schichten so wie du sie magst, du bekommst jede Überstunde bezahlt, Nacht- Wochenende- und Feiertagszulagen, du darfst, wenn du magst ständig Arbeiten und somit auch einen Haufen Geld verdienen und du hast deine Ruhe. Du bist alleine auf dem Führerstand und kannst deinen Traumberuf und dabei die schöne Landschaft genießen, wofür andere Geld bezahlen müssen, bekommst du Lohn dafür und wenn du keine Scheiße baust, hast auch keine Probleme mit den Chefs, denen ist es auch am liebsten, wenn alles gut läuft und wenn du gerne während deiner Arbeit Quatschen magst, dann kannst du das auch machen und die Fahrgäste unterhalten. Also Marco, wann fängst jetzt an bei uns? ". Ich antwortete ihm jedes Mal, dass ich das am liebsten sofort machen würde aber ich nicht könne. Was wäre denn, wenn ich jetzt meine bisherige Stelle kündigen würde, fange dann bei der Bahn an und schaffe dann die Quereinstiegsausbildung nicht, das könnte ich mir nicht erlauben, denn ich hatte eine Familie zu ernähren und an zwei weitere Kinder Unterhalt zu leisten und stehe gerade vor der erfolgreichen Beendigung meiner Privatinsolvenz. Er meinte nur, dass es Quatsch sei, so zu denken und ich das mit Sicherheit schaffen würde und dies hätten schon ganz andere geschafft, wie er zum Beispiel, und wenn er das geschafft hätte, dann würde ich das erst recht schaffen. Dann erzählte er mir noch, dass er, wenn er mich werben würde eine Prämie bekäme und die würde er dann mit mir teilen. Er fragte mich ob ich einen fertigen Lebenslauf hätte und ein Bewerbungsanschreiben und ein Deckblatt sind auch schnell gemacht, er würde das dann mal mitnehmen und mehr wie nein sagen, könnten sie ja nicht. Das klang schon irgendwie alles verlockend. Ich war zwar etwas skeptisch, weil ich nicht mal wagen würde von so viel Glück zu träumen, aber erinnerte mich an den Spruch von Oliver Kahn:" Wenn

du aufhörst etwas zu werden, fängst du an nichts mehr zu sein ".
Aber ich wollte etwas sein und noch eine Menge werden. Ich hörte
auf seinen Ratschlag und übergab ihm eine

Bewerbungsmappe von mir, diese nahm er mit und ich konnte gar
nicht fassen wie schnell das alles ging, denn schon zwei Tage später, rief mich eine nette junge Dame vom DB-Personal-Recruiting
und meint mich gern kennen lernen zu wollen, für eine Quereinstiegsausbildung zum Lokführer bei der S-Bahn München. Ich
meinte zu Ihr sehr gerne aber ich hätte eine Kündigungsfrist bei
meinem derzeitigen Arbeitgeber und dass die immer fair zu mir
waren und ich daher auch gerne, falls es klappen sollte, sauber aus
der Firma ausscheiden wollte. Sie meinte nur, dass das kein Prob-
lem sei und sie das auch für richtig und angemessen halte. Sie
würde mich zunächst zu einem kleinen Vorauswahlgespräch einladen, wenn dies positiv verliefe, käme der eigentliche Eignungstest und zwar medizinisch und psychologisch. Anschließend, bei
einem weiteren positiven Verlauf, käme ein abschließendes Vor-
stellungsgespräch und dann ginge es auch schon los. Voller Vorfreude sagte ich ihr begeistert zu und so, nahm die ganze Sache so
langsam Fahrt auf. Ich nahm mir vor, nicht eher zu kündigen, bis
ich die finale und endgültige Zusage hatte und die sagte ich auch
so der Frau von dieser Recruiting-Abteilung und sie fand das in
Ordnung so. Schon eine Woche später bekam ich die schriftliche
Einladung zum Vorauswahlgespräch, welches ich anscheinend mit
bravour überstand, denn sie sagten mir, dass sie mich nach ihrer
ersten Einschätzung gerne in ihrem Team haben würden, wenn ich
den Eignungstest bestehen sollte. Ein paar Tage später bekam ich
schon den Termin und die dafür notwendigen Informationen zu
geschickt. Ich nahm mir extra dafür frei und machte an dem Tag
alles so, wie es in dem Schreiben empfohlen wurde, um auch ja

nichts dem Zufall zu überlassen. Als erstes war der psychologische Wissens-, Reaktions- und Multitaskingtest an der

Reihe. Als ich pünktlich zirka fünfzehn Minuten vor Beginn den Testraum betrat, dachte ich mir so: "

Das kann ja heiter werden...", denn, da saßen bis auf einen weiteren älteren Herrn, nur junge Burschen und Mädchen an so playstation-artigen Computern und warteten nur darauf endlich loszulegen. Mir kam der Gedanke, dass ich gegen diese ganzen Gamernerds niemals eine Chance hätte und sah meine Lokführerträume schon davon schwimmen wie Franziska van Almsick vor einem Nicht-schwimmer. Doch es kam ganz anders. Uns wurde gesagt nur wer diesen theoretischen Testteil besteht, darf später den medizinischen Teil absolvieren. Nach Abschluss dieser Aufgabe sollten wir alle einen Augenblick bis zur Auswertung des Tests warten und die die bestanden hätten würden sich dann in dem Gang wieder-treffen, welcher zu den Räumlichkeiten führte, wo die medizini-schen Untersuchungen wie Urin-, Blut-, Seh-, Gehörtests und so weiter, stattfinden sollten. Mein Name wurde dann aufgerufen, ich war der letzte. Etwas misstrauisch ging ich zur Rezeption welche eine Klemmmappe in der Hand für mich bereit hielt und ich sollte versuchen auf Toilette gehen zu können, für die anstehende Urin-probe. Ein kurzes aber lautes und freudiges " Yes! " brach aus mir heraus, denn das bedeutete, ich hatte den ersten Teil erfolgreich geschafft. Dann betrat ich den Gang und erwartete die ganzen jun-gen Leute von eben, aber ich war ziemlich überrascht, denn bis auf den älteren Herrn und mich, war da niemand. Er berichtete mir dann, dass er mitbekommen hätte, dass die alle durchgefallen wä-ren und somit waren wir zwei alten Säcke, diejenigen, welche als einzige den theoretischen Test bestanden hatten. Ich konnte es kaum glauben. Jetzt war nur noch der medizinische Teil dran, den bestanden wir zwei auch und somit hatte in diesem Fall die Ruhe und Gelassenheit und das Arbeiten mit Bedacht der alten Leute, gegen die unüberlegte Kraft und Schnelligkeit und ungestüme Art der Jugend gewonnen. Ich konnte mein Glück kaum fassen und rief sofort mein hübsches Eheweibchen an, um ihr von diesem unglaublich freudigen Ereignis zu berichten. An der Rezeption sagte man mir noch, wenn mit dem Labor alles in Ordnung wäre, würde man sich bald mit mir in Verbindung setzen um den weiteren Fortgang zu besprechen. So geschah es dann auch. Nach ein paar Tagen kam die Einladung, inklusive Tagesticket, zum abschließenden Einstellungsgespräch mit, falls erfolgreich, anschließender Arbeitsvertragsunterzeichnung. Die drei Herren, welche mir dabei gegenüber saßen stellten mir noch ein paar kleinere Fragen und hielten meine Bewerbungsmappe in den Händen. Sie schauten sie noch mal durch und kamen dann, nach einem relativ lockeren und entspannten Gespräch mit mir zu dem Entschluss, das

Arbeitsvertragspapier zu unterzeichnen, allerdings mit dem Hinweis, dass der Betriebsrat dem noch zustimmen müsse und erst dann bekäme ich die finale Zusage und die endgültigen Unterlagen zugeschickt, mit Starttermin und Treffpunktort des ersten Tages, sowie welche Sachen ich mitzubringen hätte. Ungeduldig wartete ich auf diese Nachricht. Es vergingen schier endlose Tage und Wochen, dann hielt ich und meine Ungeduld es nicht mehr aus und ich rief bei der Dame von dieser Personalgewinnungsabteilung an. Diese konnte aber, zu meinem Leidwesen, noch nichts dazu sagen, weil sie noch keinerlei Informationen zu meiner endgültigen Einstellung hatte und sie war selbst etwas verwundert, dass das bei mir so lange dauerte. Etwas traurig und ein kleines bisschen enttäuscht verabschiedete ich mich höflich von der jungen Dame am anderen Ende der Leitung. So langsam kamen bei mir noch einmal letzte Zweifel auf. Sollte ich jetzt doch noch auf den letzten Metern scheitern und eventuell meinen Traum doch nicht verwirklichen können? Diese Frage wurde dann, für mich völlig überraschend und unerwartet, weil ich dann doch nicht mehr daran geglaubt hatte und dachte, leider wieder einmal Pech gehabt zu haben, eine Woche später beantwortet. Es war die Woche vor Weihnachten. Ich war in der Arbeit, als mein Handy klingelte. Das erste Klingeln hatte ich gar nicht wahrgenommen. Dann klingelte es in zweites Mal, anscheinend hatte mir da jemand etwas ziemlich Wichtiges mitzuteilen. Am Apparat war wieder die freundliche Frau von der DB-Personalgewinnung. Ich dachte mir, dass sie mir jetzt leider meine Nichteinstellung mitteilen würde. Doch diesmal war das Schicksal auf meiner Seite. Sie sagte mir, dass sie eventuell freudige Nachrichten für mich hätte und falls ich möchte könnte ich zum ersten Februar des kommenden Jahres mit meiner Quereinstiegsausbildung zum Lokführer bei der S-Bahn München beginnen und ich müsste ihr sofort abschließend Bescheid geben, ob ich das jetzt denn auch noch wolle, denn für diesen Kurs sei noch jemand abgesprungen und ich könnte somit zu diesem Zeitpunkt schon anfangen, sonst wären es zwei Monate später gewesen. Ich bejahte ihre Frage mit, ich glaube auch für sie deutlich vernehmbaren, freudigen " Ja, unbedingt, auf jeden Fall...". Dann sagte ich ihr, dass sie mir seit langem, eines der schönsten Weihnachtsgeschenke gemacht hätte. Dafür bedankte ich mich total euphorisch und überglücklich. Sie antwortete mir, dass sie das sehr freue und wünschte dann mir und meiner Familie ein frohes Weihnachtsfest, einen guten Rutsch ins neue Jahr, sowie eine erfolgreiche Ausbildung. Ich erwiderte ihre Wünsche und verabschiedete mich am Telefon und wurde dann erstmal von meinen Glücksgefühlen übermannt. Ich stieß ein lautes: " Jaaaaaa ! " aus mir heraus und hatte seit langen mal wieder richtig, vor Freude mit den Tränen zu kämpfen. Ich verlor diesen Kampf und lies meinen Gefühlen freien Lauf und musste bitterlich heulen und schluchzen. Das Wasser lief fast wie aus Bächen aus meinen Augen, als plötzlich eine

Verkäuferkollegin neben mir stand und mit erschrocken und mitleidig fragte, ob bei mir alles in Ordnung und was mit mir los sei und ob sie mir vielleicht irgendwie helfen könnte. Ich verneinte und sagte zu ihr: " Es passt scho, mit mir ist alles Ok. Ich hatte nur gerade eben mal ein bisschen Glück. ". Von dieser Antwort etwas verwirrt, ging sie dann aber wieder weiter ihrer Arbeit nach, so wie ich auch, nur mit dem Unterschied, ich hatte den ganzen restlichen Arbeitstag, Freudenpipi in den Augen. Als ich dann später nach Hause kam, brachte ich erst kein Wort raus, nach einem kurzen Augenblick platzte es dann aus mir heraus und ich erzählt meiner Frau von dem freudigen Ereignis und dann, freuten wir uns gemeinsam. Jetzt hatte ich nur noch die Aufgabe bei meiner Kündigung die richtigen Worte zu finden, da ja mein bisheriger Arbeitgeber, auch immer fair mit mir umgegangen war. Ich wählte die offizielle Variante und eine eher nüchterne wenig persönliche Ansprache. Ich hätte auch gar nicht gewusst, wie ich das auch hätte machen sollen, deshalb verwendete ich eine

Vorlage aus dem Internet. Um aber trotzdem etwas Persönlichkeit mit reinzubringen und mit offenen Karten zu spielen, übergab ich am nächsten Tag bei einem persönlichen Vier-Augen-Gespräch, meinem Chef die Kündigung. Er konnte es erst gar nicht so recht glauben, und meinte, dass er den Eindruck bisher gehabt hätte, dass ich mich bei ihnen wohlfühlen würde und ob es an ihm, oder meinen Kollegen oder am Geld liegt oder irgendwas, was er beeinflussen könnte, damit ich doch noch blieb und warum zur Bahn, denn er hatte schonmal einen Metzger an die Bahn verloren. Warum also ausgerechnet zur Bahn. Was hatte diese Bahn was er nicht hatte und warum hauen seine Metzger ausgerechnet zur Bahn ab, das war ihm alles ein bisschen suspekt. Ich versuchte ihm meine Version der Geschichte erzählen und tat das auch, weil ich ja die Beweggründe des anderen Metzgers nicht kannte. Auch hatte ich schon etwas mit den Tränen zu kämpfen, denn ich hatte mich schon wohlgefühlt bei ihm, die Kollegen und er waren super und es gab eigentlich nie irgendwelche größeren Probleme. Auch die Bezahlung war für die Branche mehr als nur fair und anständig, Aber ich hatte nun mal jetzt die einmalige und in meinem Alter vielleicht sogar die letzte Chance, meine beruflichen Kindheitstraum zu verwirklichen. Als er merkte, dass ich ihm das unter Tränen und mit Ehrlichkeit rüberbrachte, schüttelte er nur mit dem Kopf und meinte, dass er das zwar nicht so richtig verstehen könnte, wenn es mir doch so gut bei ihm gefiel und alles passte und es auch keinen sonstigen Anlass gab, den er hätte beeinflussen können, was er dann sogar getan hätte, aber er akzeptierte und respektierte meine Entscheidung und bot mir sogar an, falls ich wieder kommen möchte, seine Tür stünde mir immer offen. Das bewegte mich und war mir eigentlich ein sehr, sehr anständiger und netter Dank und Anerkennung meiner Arbeit, wie ich es nicht immer bisher erfahren hatte. Auch bedankte mich bei ihm, für die Zusammenarbeit und immer offene Art und für die anerkennende Würdigung und die Behandlung mir gegenüber und dass ich mit Sicherheit, nie etwas Schlechtes über die Firma zu sagen hätte und wahrscheinlich auch nie werde und ich sehr gerne hier gearbeitet hatte. Aber jetzt war diese eine Chance da und diese musste ich einfach nutzen, auch wenn ich nie Probleme in der Firma oder mit irgendwelchen Mitarbeitern gehabt hätte und mich sehr wohl fühlte. Wir gaben uns auch wie aufrichtige Männer, die Hand und damit war dann auch das Gespräch beendet. Es dauerte nicht lange und diese Nachricht machte sehr schnell die Runde in unserer Firma und die meisten bedauerten mein Ausscheiden aus der Firma, aber wünschten mir viel Glück und Erfolg und meinten das sie mich auch verstehen könnten und es toll fanden, dass ich so mutig war, in meinem Alter mit meiner Vorgeschichte noch einmal diesen Schritt zu wagen. Nach diesen doch tränenreichen, aber durchaus von Erleichterung geprägten Tag, konnte ich am Abend richtig gut einschlafen und auch die letzten Tage in der Firma liefen ganz harmonisch ab und ich fühlte richtig, wie mein Glück diesmal nicht wie trockener Strandsand zwischen meinen Händen zerrann, sondern eher wie eine kleine Pflanze von Tag zu Tag zu einem wunderschönen und riesigen Baum wuchs.

15. Da wo ich bin, ist vorne, denn jetzt bin ich Lokführer...

Der Abschied aus dem Edeka fiel mir nicht schwer. Aber nicht, weil ich mich eventuell freute dort weg zu sein, nein ganz im Gegenteil, sondern ich freute mich halt einfach nur auf meinen zukünftigen neuen Job und meinem Traum immer weiter ein Stückchen näher zu kommen. Dann kam der erste Tag. Treffpunkt war acht Uhr im Gebäude der Leitstelle der S-Bahn München am Ostbahnhof. Dort angekommen, traf ich auf elf weitere Mitkollegen, welche alle das Gleiche vor hatten wie ich. Dann bekamen wir ein kleines Willkommens- und Startpaket. Anschließend wollten wir mit der S-Bahn zum Schul- und Werkstattgelände, dem Betriebsbahnhof in Steinhausen fahren, aber wie das Schicksal so spielte, konnten wir das nicht geplant so durchführen, denn es gab einen Stellwerksausfall und es fuhr kein Zug dahin. Wenn das mal nicht ein passender Einstieg, am ersten Tag, in ein

Verkehrsunternehmen war, dann wusste ich auch nicht. Wir dachten uns alle, dass das ja ein toller Beginn sei und machten schon so unsere Witze, dabei bemerkten wir, dass wir als Klasse eigentlich ganz gut miteinander harmonierten. Nach einer etwas längeren Odyssee, kamen wir irgendwann im

Schulgebäude an. Wir nahmen alle erstmal in unserem neuen Klassenzimmer Platz, bekamen einen Kaffee und dann begann eine kleine Informationsveranstaltung, wobei uns die Firma näher vorgestellt wurde. Als dies beendet war, bekamen wir selbstverständlich wieder ein Päuschen und Kaffee. Danach bekamen wir einige Unterlagen und Informationen über den weiteren Verlauf unserer bevorstehenden Ausbildung und einiges zu unterschreiben. Am Schluss unseres ersten Tages verabschiedeten wir uns alle recht nett voneinander und unser Lehrer Michi informierte uns darüber, dass wir uns ab jetzt, ab morgen, dem nächsten Tag, erstmal immer um die gleiche Zeit in diesem Raum treffen würden, um unser gemeinsames Ziel in Angriff zu nehmen. So geschah es dann auch und wir begannen erstmal mit einer Vorstellungsrunde mit anschließender Festlegung unserer Ziele und Umgangsformen miteinander. Dies dauerte die ganze erste Woche und es war in unserer Truppe zu spüren, dass wir alle das gleiche wollten und unbändigen Wissensdrang auf das Neue hatten und uns alle eigentlich relativ gut verstanden und eine richtig gute eingeschworene Truppe werden könnten. Anschließend kamen jede Menge und wichtige Arbeitsschutzbelehrungen und Schulungen, welche immer noch und Tag täglich, Aktualität besaßen und besitzen. Jetzt war die zweite Woche auch schon vorbei und es folgte, dass worauf ich und auch alle anderen in unserer Gruppe, hin gefiebert hatten, unsere erste Lernfahrt. Das allererste Mal selbst einen Zug fahren. Ich war noch aufgeregter wie ein Kind vor dem Weihnachtsmann oder wie vor dem ersten Mal Sex, denn man wusste genau, mit diesem Tag wird ein Traum Wirklichkeit. So war es auch bei mir. Mein Fahrtrainer an diesem Tag hieß Micha und ich war mit zwei weiteren Kollegen unter seinen Fittichen. Wir trafen uns in Dachau, denn unsere erste Fahrt führte nebenbahnartig nach Altomünster. Wir konnten es kaum erwarten, als wir von unserem Lehrer, einen Tag vorher darüber informiert wurden. Alle hatten sich gefreut, bis auf einen Kollegen, welcher sehr streitbar war, gerne diskutierte und alles in Frage stellte und gerne mal Alleingänge für sich, zu beanspruchen versuchte. Seine erste Reaktion war: " Ich fahr doch nicht nach Dachau!!!...". Aber Alleingänge, Ich- und Diskussionsmenschen funktionieren halt nun mal bei der Bahn recht schwer und so war es auch kaum verwunderlich, dass er nach bestandener Prüfung, nicht sehr lange als Lokführer bei uns tätig war. Also ich zumindest freute mich auf meine erste Fahrt. Es war eine eingleisige Strecke mit Höchstgeschwindigkeit von nur 80 km/h, also eigentlich ideal für uns Anfänger. Micha fragte uns, wer als erstes fahren möchte und da keiner sich meldete, übernahm ich das. Es lief für mich ab wie im Film. Alles war irgendwie so unwirklich. Ich nahm auf dem Führerraumstuhl platz und ließ mir letzte beziehungsweise erste Anweisungen geben und dann gings auch schon los, schließlich gab es eine Menge Fahrgäste, welche gerne nach Altomünster gebracht werden wollten. Mit meinem Fuß bediente ich den Sifafußtaster, wie Lars Ulrich, der Schlagzeuger von Metallica, die Bassdrum, den Fahrbremshebel hielt ich so verkrampft fest, dass ich mir fast selbst die Hand dabei brach. Nach dem Fahrtag, hatte ich einen richtigen Handmuskelkater. Klar machten ich und meine zwei Mitstreiter nicht alles komplett richtig, aber es lief und richtig viel Verspätung haben wir auch nicht produziert. Aber unsere kindliche Freude und das als erwachsene und gestandene Männer, über die erste eigene Zugfahrt, nervte Micha so sehr, so kam es uns zumindest vor, dass er nach der ersten Hälfte unserer Fahrschicht, uns schon mal in den Feierabend schickte, um den Rest selber und ganz entspannt zu fahren und zwar ohne nervige alte Männer, welche gerade ihren verloren gegangenen Spielzeugeisenbahnspieltrieb wieder neu entdeckten. Naja wir waren halt noch keine so coolen und abgezockten Lokführer, fühlten uns aber schon so, als hätten wir vier riesige Eier und das Ding in unserer Hose wäre genauso lang wie der Zug den wir fuhren. Wir waren so in unserer Selbstverherrlichung beschäftigt, dass wir das gar nicht bemerkten, wie wir Micha damit auf den Sack gingen. Naja der Tag ging dann auch ziemlich schnell vorbei und am nächsten Schultag hatte sich unsere Ausbildungsklasse eine ganze Menge zu erzählen. Es waren auf einmal zwölf erwachsene Kleinkinder im Raum. Aber man merkte, wir hatten Freude an unseren zukünftigen Job und wir beschlossen, alle so gut wie möglich zusammen zu kämpfen, um unser aller gemeinsames Ziel zu erreichen. Auch deshalb ist es wohl kaum verwunderlich, dass die meisten aus unserer Ausbildungsgruppe, auch heute noch guten Kontakt zueinander haben, uns ziemlich gut verstehen und auch mal einen Spaß mit einander machen und uns auch ab und zu mal, auf ein Bierchen und ein Schnitzel treffen. Doch zurück zu damals. Wir bildeten Lerngruppen und gaben mal so richtig Gas. Ich lernte nicht nur in der Schule und mit unserer Lerngruppe zusammen, sondern jeden Abend und ich meine wirklich jeden Abend zu Hause weiter.

Ich wollte das unbedingt schaffen und dafür tat ich alles. Ich hatte auch ein Vorbild in unserer

Lerngruppe. Er hieß Goran, war gelernter Bäcker und war bis dahin als örtliche Aufsicht bei der S-Bahn München beschäftigt. Er hatte also schon etwas betriebliche Vorkenntnisse, um nicht zu sagen, eine Menge Vorkenntnisse. Er hatte eine auch schon eine Menge Lebenserfahrung und eine ähnlich bewegte Lebensgeschichte wie ich, ich glaube sogar eine noch viel krassere und härtere. Er hatte, ähnlich wie ich, eine harte Kindheit und Lehre hinter sich und sein Leben danach, war auch nicht so einfach. In Jugoslawien herrschte Krieg zu der Zeit, wo er gerade versuchte erwachsen zu werden, was diesen Prozess wahrscheinlich enorm beschleunigte. Er war nach außen hin, ein richtiger Kerl aber mit einem Herz, dass so groß war, als könnte es Platz bieten für alle Völker dieser Erde. Ich hatte ihm während meiner Ausbildung, sehr viel zu verdanken. Ohne ihn, hätte ich es wahrscheinlich, trotz meines Fleißes, nicht geschafft. Er entwarf extra für sich und unsere Lerngruppe Karteikarten, welche wir dann jeder abschrieben und zu unserem täglichen Zusatzlernen nutzten. Er gab mir auch in den richtigen und wichtigen Momenten, einen Arschtritt und Zusammenschiss, so dass ich wieder klar im Kopf und geerdet wurde und aber auch den Kopf wieder frei bekam, falls ich es mit dem Lernen übertrieb oder auf dem falschen Weg war. Das half mir sehr und ich stehe damit wohl bis heute in seiner Schuld und werde ihm dafür auf ewig dankbar sein. Ich schaffte die Ausbildung und fühlte mich, trotz dass ich am Wochenende noch einen Nebenjob nachging, um meine Familie zu ernähren und über Wasser zu halten, nicht ausgelaugt oder überlastet. Selbstverständlich lief auch bei mir nicht immer alles nach Plan und ich hatte auch mal Rückschläge oder Schwierigkeiten zu verkraften beziehungsweise zu bewältigen, aber ich schaffte es auch dank Goran. Aber vielleicht ist es auch genau das, Dankbar zu sein, was vielleicht ein jeder Mensch lernen sollte, was vielleicht jeden Menschen gut tuen würde, was vielleicht jeden Menschen erdet oder was vielleicht auch der

Schlüssel zum Erfolg und Glücklichsein war, Dankbarkeit. Dankbarkeit vor allem seiner Familie, seinem Partner oder wie in meinem Fall vor allem meiner Frau gegenüber, welche mich während der Zeit immer unterstützte und mir nie Steine in den Weg legte, damit ich meinen Traum verwirklichen konnte. Dankbarkeit den kleinen Dingen gegenüber, Dankbarkeit überhaupt ein Leben zu haben, Dankbarkeit dafür, dass man, man selbst sein darf und die Freiheit und Gesundheit hat, für sich und für seine Träume arbeiten zu dürfen. Ich bin dankbar dafür, dass ich vom ungeliebten, geprügelten und gemoppten Looser, dafür kämpfen und arbeiten durfte, jetzt (Lok-)Führer, stolzer Vater zweier toller leiblicher und zweier toller Stiefkinder und vor allen wahnsinnig stolzer und verliebter Ehemann einer unglaublich hübschen und wunderbaren und vor allem wahnsinnig gütigen und tollen Frau zu sein. Ich komme mittlerweile auch ganz gut klar damit, Lenins Sohn zu sein, dass ab und zu mal als Erich Honecker-Imitator und ziehe aufrichtig und respektvoll, den Hut vor der Lebensleistung, welche meine Eltern vollbrachten, trotz der schwierigen Zeiten und Umstände. Ich bin auch stolz und auch dankbar dafür, Oliver Kahns Leitspruch nicht enttäuscht zu haben und nie aufgehört habe, etwas zu werden und nie anzufangen, nichts mehr zu sein und dass ich meine Oma kennenlernen durfte, so dass sie mir den Rat und Hinweis geben konnte, dass ich nicht der tollste, stärkste oder hübscheste Mensch sein werde, sondern nur dankbar dafür sein sollte und versuchen sollte, wenigstens ein kleines bisschen Mensch zu sein. Ich bin stolz und dankbar dafür, diesen tollen Namen, mit dieser tollen Geschichte dazu, tragen zu dürfen, danke dafür Mama. Ich werde dich immer in meinen Herzen tragen und bin dankbar dafür, dass es dich gibt. Ich bin auch dankbar Bruder meiner Geschwister zu sein, egal wie gut oder schlecht es auch mal lief. Ich bin froh, dass wir uns jetzt als Erwachsene alle gut vertragen und vor allem auch verstehen. Eben das zeichnet ja auch irgendwo, irgendwie erwachsen sein aus. Wie gesagt ich bin dankbar dafür, dass ich überhaupt erwachsen werden durfte und mein "i" im Leben, nämlich Lieben durfte und darf. Ich danke allen, welche mir auf meinen Weg geholfen, mich begleitet und immer an mich geglaubt haben, ihr habt mir den Mut gegeben, welchen ich selber nie hatte und somit auch die Kraft, selbst an mich zu glauben. Ich bin allen dankbar, die mich enttäuscht, betrogen oder verletzt haben, denn ihr habt mir gezeigt, wie ich nie sein möchte und hoffentlich nicht bin und nie werde. Ich bin euch allen dankbar. Ich habe von jeden von euch etwas gelernt. Ich bin Marco, Lenins Sohn.

16. Nachwort....

Etwas wollte ich dann doch noch dazu mitteilen. Es kann schon sein, dass irgendjemand dies hier alles liest und sich dann sagt, dass er das etwas oder sogar ganz anders in Erinnerung hat, dass er das etwas oder sogar ganz anders empfunden hat, dass er eine etwas oder ganz andere Meinung dazu hat oder dass er das etwas oder ganz anders sieht. Das kann schon möglich sein, denn jeder Mensch sieht jede Situation anders, denkt jeden Gedanken anders und fühlt auch jedes Gefühl anders. Es kann schon sein, dass vielleicht auch das ein oder andere Erlebnis oder Ereignis, vielleicht ein kleines bisschen anders war als wie hier beschrieben oder dass die eine oder andere zeitliche Abfolge, nicht ganz genau gestimmt hat oder sogar mal vertauscht war oder dass vielleicht das eine oder andere, nicht ganz hundertprozentig der Wahrheit entsprochen hatte, das ist alles möglich. Sorry dafür und dafür, falls ich mal einen Fehler hier und da gemacht habe. Aber eines kann ich euch mit ein hundertprozentiger Sicherheit mitteilen, es ist alles so, wie ich es empfunden habe. Ich kann das so sagen, denn ich habe das für mich so erlebt, denn ich habe diesen seelischen oder körperlichen Schmerz so empfunden und ich habe gelitten, gekämpft und auch selber Fehler gemacht und vielleicht auch hier und da mal jemanden verletzt oder enttäuscht, aber ich habe auch diese Glücksmomente und schönen Dinge erlebt und genossen und selbst, nicht nur für mich, auch für diese Glücksmomente gesorgt. Jeder kann und darf und sollte auch seine Meinung sagen und kundtun und ich kann, darf, sollte und musste diese Geschichte, auch genau so schreiben, denn es war und ist meine Meinung und es war und ist meine Geschichte und es war und ist mein Leben.

Zeitfracht Medien GmbH
Ferdinand-Jühlke-Straße 7
99095 Erfurt, Deutschland
produktsicherheit@kolibri360.de